그해 자연은

김채영 엮음 도원글방7기 지음

| 관찰내용 | 자연이 우리에게 아낌없이 주는 것들 |

프롤로그

　지구에서 인류가 탄생한 이래로 우리는 늘 자연과 함께 해왔습니다. 우리 선조들은 자연이 제공하는 토지에 터를 잡고, 땅에서 뻗어 나오는 곡물을 식량으로 삼아 생활을 꾸려나갔습니다. 오늘날의 우리는 과학의 힘을 빌려 자연을 개발하여 경제적 이익을 창출하기도 합니다. 한편으로는 현대화된 생활에 지칠 때면 자연 속으로 돌아가 자연이 주는 평화로움과 안정감으로부터 다시 일상을 살아갈 수 있는 힘을 얻기도 하지요. 그래서 '인간은 자연에서 태어나, 자연의 풍요 속에서 살고, 자연으로 돌아간다.'라고 이야기하나 봅니다.

　누구나 자연으로부터의 '힐링(Healing)'을 느껴보았을 것입니다. 일상 곁에 있는 자연을 통해 여유를 느끼거나 일상에서 잠시 벗어나 자연 속에 스며들어 자신의 마음을 돌아보고 치유 받은 경험과 같이, 자연은 우리에게 무한한 '힐링'을 선사합니다.

이렇게 자연이 우리에게 아낌없이 주는 것들을 곰곰이 떠올리며, 책쓰기 동아리 '도원글방'에 모인 글벗들이 자연에서 힐링 받은 저마다의 경험과 이야기를 글로 풀어냈습니다. 도원글방에서 자연을 주제로 한 책을 함께 읽는 주제 중심 독서를 하며 자연으로부터 힐링 받은 기억을 되돌아보고 글벗들과 그 경험을 나누었습니다. 친환경 커피박 화분 만들기, 헌 책 업사이클링 등 자연을 위하는 다채로운 체험 중심 동아리 활동을 통해 글벗들과 서로 생각을 나누었습니다. 무엇보다도 자연에 대한 '앎'과 자연을 위한 '실천'의 의미를 글벗들과 알아가고 함께 성장할 수 있는 시간이었습니다.

청룡산, 월광수변공원, 텃밭 등 가까운 자연과 함께 학교생활을 하는 우리 글벗들이 자연에서의 힐링에 대한 각자의 추억을 담은 이야기와 자연의 소중함을 되새기며 자연에게 쓴 편지를 엮어 '그해 자연은'으로 펴냈습니다. 아이들이 자신만의 힐링 그리고 자연에 대해 고마움과 걱정의 마음을 표현한 만큼 독자 여러분도 애정 어린 시선으로 봐주셨으면 합니다.

2023년 새로운 계절을 맞이하며,
사서교사 김채영

목차

자연 속 힐링
손준서
7

10월의 특별한 캠핑
장혜원
19

남해의 1박 2일
최유리
29

2022년과 2023년 사이
김서현
45

우당탕탕 자연 탐방기
윤지후
53

바람, 물, 풀 그리고 자연이 모이는 곳
김동우
61

2021년의 자연
서아현
77

커피 흙 화분 만들기
김소윤
85

나의 식물 일지
손지안
95

자연은 계절에 따라 모습이 달라져
김수현
105

나와 함께하는 자연
김나경
113

나의 자연과 우리의 자연
이준혁
127

자연의 이모저모
김민재
139

사계절 자연의 모습
이성민
147

사계절의 새로운 특징들
김민재
155

우리 곁에 있는 자연
최다원
165

자연 속 힐링　　　　　손준서

　우리의 생각 속에는 무궁무진한 가능성을 쥐고 있지만 그 생각을 끌고 나오기가 힘들죠. 하지만 우리는 더 노력하는 사람이 되어야 합니다. 그렇지만 스트레스 쌓이고 머리가 후끈후끈할 때 이 글을 보며 힐링하고 잠시 생각을 비우고 쉬는 것이 저는 더 좋다고 생각합니다. 공부가 필요하지만 싫어하면 더 안 되는 게 공부라는 것입니다. 우리의 뇌는 생각을 하다 보면 머리가 터질 것 같을 때 이 글을 보며 생각을 비우고 힐링하면 좋겠다는 게 이 글을 쓸 때 느끼는 저의 일편단심의 바람입니다. 공부는 늘 저보고 문제를 내며 이래라저래라하는 잔소리 같은 존재이죠. 그럼에도 불구하고 계속 푸는 게 학생입니다. 그럴 땐 자연과도 같은 이 글을 여러분들이 봐주면 저는 그게 힐링이라고 생각합니다. 어떨 땐 이 글을 보며 뇌를 비우면 어떨까요? 힐링이란 몸과 마음을 치유하고 회복하는 그런 게 힐링이란 거죠. 저는 이 글을 바다, 캠핑, 숲, 공원 이런 곳에서 읽으면 더 힐링 되고 편안해집니다. 저는 제 손으로 쓴 이 글을 여러분들에게 바칩니다.

자연 속 힐링

　계곡에서의 시원한 소리를 알고 계세요? 보기만 해도 마음이 시원해지고 소리만 들어도 마음이 편안해지고 힐링이 되죠. 계곡에는 사람들의 소리, 물소리, 첨벙거리는 소리가 들리죠. 이 소리들이 계곡이 힐링 되는 이유랄까요? 저는 계곡에 가서 배영을 하고 물소리를 듣는 것을 너무나도 좋아해요. 그것뿐만 아니라 물안경을 끼고 계곡물로 뛰어드는 순간 보이는 다른 사람들이 수영하며 나오는 하얀색 거품들, 물살에 부딪히는 돌들, 재빠르게 숨는 물고기들은 봐도 봐도 정말 아름답다는 생각이 들어요.

　제가 보기엔 계곡은 정말 최고의 힐링이라고 생각해요. 만약 계곡물이 더럽다면 힐링이 안 되겠지만요. 환경이 좋으면 아주 힐링 되고 환경이 나쁘면 힐링이 안 되는 것 같아요. 게다가 계곡엔 다양한 생물들이 살아요. 아주 빠르고 보기 좋은 물잠자리가 지나가고 방아깨비는 근처에서 점프를 해요. 계곡에는 내 새끼손가락 크기 정도 되는 물고기들이 요리조리 피해 다녀요. 이 물고기를 잡아도 보고 놓아주기도 했어요. 저녁에는 풀벌레 소리를 듣는데, 너무 힐링 되고 좋아요. 너무 멋진 다양한 소리들, 계곡 풍경을 보면 제 마음이 편안해져요. 계곡에서는 소리를 들으며 힐링하고 나서 수박과 라면을 먹으면 정말 좋아요. '너무 기분이 좋은 것이 아닌가?'라는 의심이 들 정도예요. 자연의 소리를 들으면서 음식을 먹는 것이 계곡에서 즐길 수 있는 진정한 힐링이라고 생각해요. 통발 설치가 가능하다면 설치도 해보고, 얼마나 잡힐까? 라는 궁금한 마음을 품고 다음에 가서 확인해 봤을 때 엄청 많이 잡혀있는 것을 보는 것이 너무 좋아요.

　마지막으로 계곡은 돌을 찾으며 놀 수 있어요. 가끔가다가 이쁜 돌을 발견하면 너무 행복한데 이것도 함정이 있어요. 돌을 놓치면 물살에 휩쓸려 다시 찾기가 힘들어요. 하지만 그 돌을 다시 찾아서 줍는다면 왠지 모를 즐거움이 느껴지는데 저만 그러는지는 모르겠지만 이런 것들이 저에겐 아주 힐링이 돼요. 계곡은 여러 번 생각해도 정말 힐링이 되는 곳이에요. 바다보다는 못하지만, 전에 계곡을 간 기억을 떠올리면 '아! 이게 바로 힐링이지!'라며 자동으로 웃음이 지어져요. 누군가가 저와 비슷한 감정을 가지고 있다면 정말 좋을 것 같아요.

　진짜 마지막으로 말하지 못한 것이 두 가지나 있어요. 첫 번째로 계곡에 튜브를 띄워놓고 그 위에 올라가 문을 닫듯이 천천히 눈을 감아 보는 것이 제가 해본 것 중에 제일 힐링이 돼요. 여름에 계곡에 간다면 꼭 한번 해보는 걸 정말 추천해요. 그리고 당연한 말이지만 물살이 빠른 곳이면 위험할 수 있으니, 그쪽은 가지 마시길 바라요. 안전을 꼭 확인하고 중요하게 생각해야지 편안한 마음으로 더 즐겁게 놀 수 있어요. 두 번째로 위험하지만 스릴 있는 다이빙이에요. 다이빙을 뛰면 뛰자마자 정말 무서움이 고조 되지만 뛰고 나면 재미와 동시에 힐링이 돼요. 다이빙 같은 스릴을 즐긴다면 아주 추천해요. 이때까지 계곡에서 느낄 수 있는 저만의 힐링 방법을 알려드렸습니다.

다음은 바로 숲이에요. 울창하게 우뚝 서 있는 나무를 보면 왠지 모를 힐링 되는 것을 느낄 수 있죠. 그리고 겨울이라면 집에서 누워서 노는 것보다는 숲의 풀, 흙, 생물, 경치, 하늘, 꽃, 환경을 느끼는 것이 훨씬 좋아요. 등산은 힘들기 때문에 좋아하진 않아요. 숲에 그냥 있는 것만으로도 내 주변의 공기가 깨끗하고, 맑고, 신선하다는 것을 느낄 수 있어요. 공기가 맑고 상쾌하니 기분도 좋아져요. 나무는 길가에도 많이 심어져 있지만 적어요. 하지만 숲에는 엄청나게 많은 나무들이 빼곡히 심어져 있어요. 이 광경을 보면 힐링이 안 될 수가 없어요.

요즘 같을 때 이런 환경들을 보는 게 새로워 보이고 좋은 것 같아요. 그 외에도 소나무와 자작나무들이 내 옆에 있다고 생각해보면 아주 아주 상쾌하고 보기만 해도 힐링 돼요. 풀은 땅에서 나죠. 땅에는 정말 엄청나게 많은 영양분을 먹으며 사는 풀들이 있는데 이 풀들은 나무와 더불어 초록 빛깔을 띄고 생물에게 보금자리를 내어주는 등 엄청나게 많은 일을 해요. 그중에서도 풀벌레, 방아깨비, 무당벌레, 지렁이 등등 정말 많은 생물들의 보금자리가 되어주는 풀. 우리의 눈과 귀도 행복하게 해주는 풀이 너무 좋아요.

다음은 바로 흙이에요. 숲은 흙이 없었으면 존재할 수 없어요. 흙은 아름다운 숲을 존재할 수 있게 해주고 촉감이 좋아서 힐링도 할 수 있어요. 흙은 힐링도 되고 도움도 줘요. 숲에는 정말 다양한 생물이 살고 있어요. 지렁이는 흙을 건강하게 만들고, 뱀은 다양하게 사냥하고, 하늘에는 새가 날아다니며 먹이를 찾고, 꿀벌은 꽃이 잘 피어나게 해요. 이런 다양한 생물들을 관찰하면 정말 힐링 돼요.

흙과 풀을 밟을 때 나는 소리를 듣는 것도 힐링 되지만 지나온 길을 보면 빼곡한 나무와 풀, 흙들의 조화에도 힐링이 돼요. 풍경에 대한 감탄도 막을 수 없어요. 산 정상에서 보는 경치는 정말 끝내줘요. 숲에서 바람이 불면 나는 소리를 듣는 것도 좋아요. 숲에서 하늘을 올려다보면 구름이 가득 차 있고, 예쁜 햇살이 나뭇잎 사이사이로 들어와 정말 아름다운 광경을 만들어내요. '하늘이 이렇게 예쁘구나!'라는 것을 깨달을 수 있어요.

꽃은 아까 말했듯이 벌이 아주 잘 관리해주는데 꽃에는 민들레, 개나리, 벚꽃, 해바라기, 봉선화, 튤립 등등 아름다운 꽃들이 가득해요. 게다가 꿀을 먹을 수 있어요. 꽃밭을 보게 되면 지나가다가도 멈춰서 구경하게 돼요. 힐링을 하고 싶어도 풀이 죽어있고 꽃이 꺾어져 있고 나무가 병들고 밑둥만 남아있다면 경치가 안 좋을 거예요. 그러니 힐링을 하려면 환경도 굉장히 중요해요. 환경은 우리가 지킬 수 있어요. 환경이 좋은 숲에 있으면 공기가 맑고 아주 신선하지만 쓰레기가 버려져 있으면 환경을 오염시키니 먼저 나서서 치워보도록 해요. 숲은 산보다는 경치가 떨어지지만 평온하고 산뜻해서 이 때문에 힐링하는 사람들도 많아요. 숲은 계곡 다음으로 제가 생각하는 좋은 곳이에요. 빽빽하고 푸른 나무, 식물들을 자라게 해주는 흙, 생물들의 보금자리가 되어주는 아름다운 풀, 다양한 생물들이 살아가며 힐링 되는 환경을 조성해주는 생물, 살살 부는 바람과 흔들며 빛을 잘 그리는 이쁜 하늘, 힐링할 수 있는 환경까지. 여기까지 숲에서 힐링 되는 것들을 말해보았습니다.

바다는 파도가 쏴아아아 하고 아주 좋은 소리를 내요. 파도가 점점 저에게 다가와서 제 발 위를 스윽 한 번 지나가요. 바다는 핵심이 물과 파도 그리고 모래사장이에요. 모래사장에선 아이들이 모래성을 만들고 있어요. 공을 통통 주고받는 사람들이랑 바다의 풍경을 스케치북에 슥슥 그리는 아이들, 바다에 첨벙 다이빙을 하는 사람들, 그걸 보며 짝짝짝 박수 치는 소리, 휘이잉 아주 시원한 바람 소리, 파라솔 밑에서 드르렁 쿨 자는 사람들, 삐융피슝 게임 하는 소리, 첨벙첨벙 수영하며 노는 소리, 그 옆에서 아무것도 안 하는 나. 하지만 저는 멍하니 있는 것이 아닌 이 모든 소리를 듣고 있는 거예요. 노느라 숨이 차 빨리 뛰던 심장이 감상하고 힐링하니 다시 잠잠해졌어요. 파도는 또다시 쏴아아 다가오고 물고기들은 현란한 움직임을 보여주면서 여기저기서 절 놀리듯이 꼬리를 흔들어요. 가끔 미역 같은 미끌미끌한 것들을 보면 마음이 차분해지고 편안해지는 느낌도 들어요.

마음을 진정하고 들어보면 들리는 멀리서 꽥꽥 소리 지르는 나이 드신 사람들, 끼룩거리는 바다에서 사는 갈매기, 물에서 천천히 움직이고 있는 불가사리, 그 옆에 내가 있는지도 모른 채 돌아다니는 칙칙한 색깔의 소라게, 자연에서 이 많은 것들을 보고 즐기며 다음엔 어떤 소리, 어떤 것들을 볼 수 있을까? 라는 생각을 하며 가만히 앉아 있으면 마음이 평온하고 안정이 돼요. 저는 이때까지 이런 것들에 무관심했고 다른 것들에 더 관심이 많았어요. 저는 평소에 힐링이 뭔지 몰랐는데 찾아보니 제가 평소에 느껴보지 못한 그런 느낌이었어요.

바다에는 정말 많은 생물이 살아가고 그 예쁜 바다는 지구의 70% 정도나 차지하고 있어요. 해수욕장에 앉아서 끝이 보이지 않는 바다를 보며 힐링을 할 수 있는 것 자체가 너무 마음에 들어요. 그리고 근처 식당에 가서 신선한 해산물들을 먹어요. 입안에 신선한 해산물의 풍미가 퍼져서 아주 맛있어요. 그리고 노을이 질 때는 바다가 주황빛으로 보여요. 정말 반짝반짝 보석같이 빛나는 바다가 그저 너무 이쁘고 힐링이 돼요. 마지막으로 밤에는 불빛이 많지 않으면 바다와 별로도 힐링을 할 수가 있는데 바다는 그저 어둑어둑해도 하늘의 별 덕분인진 모르겠지만 하늘의 별이 바닷물에 비치면 너무 아름답고 재밌게 생긴 별을 찾으면서 놀아도 힐링이 돼요. 아침에는 쏴아아 파도 소리와 사람들이 노는 소리만 들렸더라면 점심에는 입 안 가득 퍼지는 조개, 회, 구이의 바다 내음, 밤에는 어둡지만 별이 비치는 바다를 보고 별과 별끼리 이어도 보며 놀 수 있어요.

　밤이 되면 물에서 노는 사람은 싹 사라지고 바다만 홀로 남아요. 이 풍경을 보는 것이 어느 때보다도 좋아요. 바다는 솔직히 대충 봐도 시선이 고정되어 정말 매력적인 것 같아요. 저는 매력적이고 힐링 되는 바다가 최고라고 생각해요.

　이번에 적을 마지막은 바로 제가 제일 좋아하는 겨울이에요. 겨울의 상징은 눈이라고 생각해요. 눈은 발로 밟으면 뽀드득 소리랑 부스럭 소리가 나는데 이 소리를 들으면 기분이 좋아져요. 또 겨울에는 눈에 관련된 놀이들이 굉장히 많아요. 눈싸움과 눈사람 만들기가 대표적인데 눈이 너무 차가워서 손이 시렵기 때문에 저는 눈사람 만드는 걸 더 좋아해요. 저는 눈사람의 눈, 코, 입을 만들 때 주로 나뭇가지랑

풀잎을 사용해요. 나뭇잎은 눈사람의 눈에 붙이고 나뭇가지는 눈썹 그리고 입과 팔을 만들 때 사용해요. 이렇게 하면 눈사람 만드는 것이 끝나요. 눈싸움은 눈을 뭉칠 때 장갑을 껴도 손이 너무 시려워요. 차가운 눈덩이를 다 만들어 친구에게 던지면 친구는 엄청 화를 내요. 분위기가 싸늘해지지만 눈사람을 만들면서 서로 화해를 하곤 해요. 이렇게 우정을 다지는 겨울은 참 힐링 돼요.

눈은 하늘에서 떨어질 때 잡으면 손에서 바로 녹아 사라져서 아쉬워요. 하지만 녹아서 물만 남는 그 모습이 아주 인상적이에요. 없어질 때 1초 만에 사라지진 않지만 그렇다고 2초를 넘기지는 못해요. 아예 사라지는 모습을 볼 땐 아쉬우면서도 눈이 계속 떨어지면 좋겠고 우리 지역은 눈이 적게 내려서 정말 아쉬울 따름이에요.

또 한겨울에는 따뜻한 간식도 아주 인기가 있는데 붕어빵, 어묵, 라면, 스프, 떡볶이, 호떡 등 다양한 음식들을 거리에서 팔아요. 그 주변엔 나무들이 그 추위에도 우뚝 서 있는 것과 동물들이 죽지 않는 걸 생각해보면 자연환경이 정말 대단하다는 생각이 들어요.

또한 겨울에는 아름답고 기분 좋은 소리가 나요. 예를 들면 눈을 밟으면 나는 뽀드득 소리, 눈덩이를 던지고 떨어질 때 나는 툭 거리는 소리, 거리에서 나는 징글벨 노랫소리, 건물이나 나무에 걸려있는 별들과 곁에 둘러져 있는 빨강, 파랑, 노란색의 볼들. 엄청 높게 우뚝 서 있는 나의 키 3~4배쯤은 될 것 같은 엄청나게 큰 초록색 잎과 그 위에 붙어있는 빨강, 파랑, 노란색의 공들. 그리고 곁에 둘러져 있는 빛이 나는 금색 줄과 은색 줄, 살짝 쌓여있는 눈. 마지막 하이라이트로 제일 위에 달려 있는 제일 존재감이 크고 제일 반짝반짝 빛나는 별. 겨울의 하이라이트인 크리스마스, 그리고 크리스마스를 대표하는 예쁜 별이 달려 있는 엄청 커다란 크리스마스트리를 보면 힐링 될 수밖에 없을 거예요. 어떻게 그 오색찬란한 트리를 보고 입이 안 벌어질 수 있는지 그것도 내 키의 3~4배라니, 그렇게 예쁜 크리스마스트리는 보기만 해도 행복해져요.

다음 겨울의 대표는 앞에서 말씀드렸듯이 아주 재미있고 힐링할 수 있는 눈싸움, 눈사람 만들기, 눈으로 좋아하는 캐릭터 만들기가 있어요. 그중에서도 제가 좋아하는 캐릭터 만들기는 만들 땐 정말 손이 시렵고, 춥지만 만들면 나름대로 성취감도 있고 힐링이 돼요. 눈싸움 할 때는 전략이 있어요. 크게 만들기와 작게 여러 번 만들기가 있는데 절대로 돌을 넣어서는 안 돼요. 저는 작게 만들어서 여러 번 던질 때가 제일 힐링 돼요. 이 글을 읽는 사람들은 힐링이 될까? 라는 생각이 들지만 저는 최대한 힐링 되고 재미있고 마음이 편안해지도록 쓴 것 같다고 생각해요.

자연에게 마음을 담은 편지

자연아, 인간들이 너를 부수고 있어. 정말로 아프지?

플라스틱, 비닐봉지, 캔 등등

너를 부수고 있는 것들은 아주 많아.

그렇지만 그중에서 환경을 제일 깨끗하게 해주는

나무가 파괴되고 있어.

그래서 나는 종이를 꼭 필요하지 않으면

쓰지 않는 습관을 기르고 있어.

그리고 플라스틱, 비닐, 캔 사용을 줄이고

바구니, 텀블러 등등 한 번 쓰고 버리는

제품 말고 다회용품을 쓰고 있어.

너도 열심히 지켜봐주. 파이팅!

10월의 특별한 캠핑　　　　　장혜원

　이 글은 우리학교 책쓰기 동아리인 '도원글방'에서 썼습니다. 저의 글을 재미있게 읽어주시면 저는 정말 기쁠 따름입니다. 여러분은 책 읽기를 좋아하시나요? 지금 이 책을 억지로 펴셨다면 한 장 한 장이 힘들겠지만, 저도 그렇게 책을 읽다 보니 책이 좋아진 것 같습니다. 여러분도 책 읽기를 조금씩 늘려가는 게 어떨까요? 물론 이 의견은 제 의견이니 꼭 하려 하지는 않으셔도… 그리고 책을 쓰거나 읽으시면 창의력을 길러줍니다. 그래서 제가 책을 읽고 쓰는 것 같습니다. 여러분도 이 책을 읽으며 책을 좋아하게 되신다면 저희 도원글방 학생들은 정말 뿌듯할 것 같습니다. 저의 긴 소개 글을 읽어주셔서 감사합니다.

10월의 특별한 캠핑

 기다리던 금요일 아침, 나는 일찍 눈을 떴다. 신나게 학교에 가니 아이들은 온통 금요일만을 알리고 있었다. 시간이 빨리 갔으면 좋겠다. 왜냐하면 오늘 학교를 마치자마자 청송으로 캠핑을 갈 것이기 때문이다. 학교가 끝나고 숨을 헐떡이며 집으로 뛰어가니 엄마, 아빠가 집 정리가 끝났다는 듯, 가방을 들고 현관문을 철컥 열었다. 엘리베이터를 타고 밑으로 내려가자 밝은 햇빛이 스미고 있었다. 정말 가을이 온 것을 실감했다. 차를 타고 안전벨트를 매니 정말 여행 느낌이 났다. 점점 작아지는 우리 집과 달리, 두근대는 마음은 주체할 수 없이 커져만 갔다. 시간이 지나고 차 안이 갑갑하다고 느낄 때쯤, 청송에 도착했다. 엄마는 사촌, 이모, 이모부가 와 있으니 인사를 잘하라고 했다. 눈에서 하트가 튀어나오는 것 같았다. 왜냐하면 나는 사촌 언니들이 너무 좋기 때문이다. 언니들은 내가 아주 어릴 때부터 잘 놀아주었다.

잠시 설레는 마음을 진정하고, 자연을 느껴보기로 했다. 주변에는 나무가 바람에 흔들리는 소리와 나무에 앉은 작은 새가 오르골처럼 아름다운 소리를 내고 있었다. 크게 숨을 들이쉬면 가을만의 시원하고 찬 공기가 폐에 들어왔다. 하늘은 푸른색이었다. 또 바다의 색과도 비슷했다. 우리는 캠핑장 아래 작은 길을 따라 내려갔다. 그 아래에는 캠핑용품 상점과 크디큰 산이 보였다. 우리는 상점에 들어가 몇 가지의 물건과 라면을 샀다. 사실 나는 라면을 아주 좋아한다. 특히, 캠핑을 하며 먹는 라면이라면 더욱더. 올라오는 길은 아주 힘겨웠다. 올라와서 우리 텐트가 보였을 때는 너무 기뻤다.

　캠핑 테이블에 가지고 온 물건을 다 내려놓고 의자에 앉자, 천국이 따로 없었다.

　늦은 밤이 되자. 불꽃 전용 초에 불을 붙이자 반짝거리며 빛났다. 내 눈도 같이 빛났다. 캠핑장에서 먹었던 라면은 작년 겨울 즈음이 마지막이다. 마침 라면을 보니 군침이 싹 돌았다. 라면을 고온의 온도에서 끓이고, 그 위에 계란과 김치를 더하면 정말 '금상첨화'다. 뜨끈한 라면 국물까지 싹 마셔주면? 말해봤자 입만 아프다. 짭짤한 라면을 먹었다면, 달콤한 마시멜로우도 빠질 수 없다. 불멍과 동시에 마시멜로우를 구우면 그야말로 힐링이다.

　아! 그리고, 불멍을 너무 오래 하면 마시멜로우가 다 탈 수 있으니 정신을 차리고 굽는 것이 좋을 것이다. 저번 캠핑에서는 도깨비불 마냥 불에 홀린 듯이 있어서 마시멜로우가 다 탄 기억이 아주 선명하게 남아있기 때문이다. 사실 마시멜로우 굽기는 고도의 집중력이 필요하다. 어떤 면이나 어떤 온도에서 굽느냐에 따라 모양과 맛이 완전히 달라지기 때문에 의외로 완벽하게 해내기가 어렵다.

나는 무엇인가를 먹으러 캠핑에 오는 것 같다. 너무 먹는 이야기만 한 것 같아 이곳에 대한 소개를 해보려 한다. 이곳은 나무가 많다. 사실 나무가 있는 거의 모든 곳은 생물이 있다고 봐도 된다는 말을 누군가 했었는데 정말 생물이 많다. 하늘을 보면 무리 지어 나는 새 떼와 잠자리가 날아다니고 땅에는 꼬물꼬물 개미와 가끔 반딧불이도 보인다.

그리고 해먹에 누워서 본 밤하늘은 환상적이다! 별이 보이고, 별이 모여 만들어진 별자리도 보인다. "별똥별이다!" 나는 소원을 빌었다. 별똥별에 빈 소원은 언젠가 꼭 이뤄진다는데 진짜일까? 진짜라면 꼭 이뤄졌으면 좋겠다. 하늘이 짙은 검정 빛깔이 되자 슬슬 졸렸다. 텐트에 들어가 몇 분간 이야기꽃을 피웠다. 잠시 후 우리의 목소리 말고 아무 소리조차 들리지 않자, 랜턴을 끄고 잠을 청했다. 숲속의 밤은 정말 고요했다.

다음 날, 가족이 일찍 나를 깨웠다. 이 주변 산을 등산해야 한다고 한다. 산에는 커다란 계곡이 있었다. 계곡의 수면 위에는 햇살이 다가와 부서지며 반짝이는 유리 파편을 만들었다. 나는 등산할 때 가장 좋아하는 것은 풍경이다. 탁 트인 풍경은 한눈에 담아도 상쾌했다.

"너무 힘들어!"

맨 처음 동생이 외친 한 마디였다. 동생이 그런 말을 하니까 나도 힘들어지기 시작했다.

"너만 힘든 줄 알아? 나도 힘들어!"

나는 동생한테 괜스레 짜증을 냈다. 동생도 나한테 덩달아 짜증을 냈다. 그러자 엄마는 싸움을 말리며 근처 벤치에서 좀 쉬자고 했다. 벤치에 앉으니 땀이 식으면서 더욱더 시원해졌다. 동생이 잠시 고민하는 표정을 짓더니 나에게 말했다.

"아까 짜증 낸 거 미안…"

사실 나도 더워서 동생한테 짜증을 낸 것이 조금 후회스러웠다.

"그러면 우리 서로 사과하자."

우리는 서로 사과했다. 왠지 한 편의 영화 같았다. 그것도 마지막에 끝나는 장면 말이다.

바람은 더욱더 시원하게 불었다. 우리 가족은 등산을 끝내고 보물찾기를 하기로 했다. 내가 술래가 되어서 물건을 숨겼다. 물건은 짐이 들어있는 상자 안에 넣었다.

"시작!!"

시작을 알림과 동시에 사촌 언니들과 동생은 우다다 뛰어나갔다. 언니는 무엇인가를 발견했다는 듯, 킥킥 웃으며 짐 상자 쪽으로 갔다. 심장이 정말 두근거렸다. 속으로 생각했다.
'발견했나?'
나는 "제한 시간 이제 1분 남았다!"라고 했더니 동생이 그런 게 어디 있냐고 불만을 표시했다. 내가 말했다.

"그러면 네가 술래할래?"

나는 은근슬쩍 동생에게 술래를 떠넘기려 했다. 하지만 동생은 바보가 아니었다. 술래가 되기 싫다고 하면서 눈썹을 짱구 눈썹처럼 하고, 눈을 동그랗게 떴다. 동생은 짜증을 내더니 결국 보물을 발견하지 못했다. 나는 그대로 보물을 가져오는 것을 잊었다.

다음 날, 보물이 사라져 조금 아쉬웠다. 동생이랑 언니랑 해서 충분히 발견할 수 있다고 생각했기 때문이다. 그리고 보물은 내가 나뭇가지, 꽃을 합쳐 만든 '봄 리스'이다. 그냥 땅에 있는 재료들을 주워 만든 물건이라 정이 없어서 다행이라는 생각을 했다.

아침에는 뜨끈한 미역국을 먹고 핫초코를 마셨다. 핫초코를 마시니까 마음속까지 따스해지는 느낌이었다. 가을, 겨울처럼 날씨가 점점 추워지니 따뜻한 음식을 더 찾는 것 같다. 나는 찬란한 여름도 좋지만, 겨울이 너무 좋다. 포근하고 과일 중에서도 귤을 가장 좋아하기 때문이다. 하지만 아직 가을이라서 아쉽다. 이렇게 좋은 날씨에 텐트에만 있기에는 아쉬워서 사촌 언니한테 놀자고 했다. 동생도 같이 하고 싶다며 같이 술래잡기를 했다. 내가 술래가 되어 언니와 동생을 잡으러 다녔다. 조금 더 뛰니까 힘들고 배가 조금 아팠다. 나는 술래를 그만하고 싶어서 엄청 힘든 척을 하며 슬쩍 텐트로 들어갔다. 결국 술래는 동생이 했다.

하늘이 어두컴컴해지자 전등을 켜고 저녁 식사 준비를 했다. 오늘 저녁 메뉴는 고기! 나는 고기가 좋다. 왜냐하면 맛있기 때문이다. 저녁을 먹는데 전등을 매달아서 그런지 온갖 날파리와 나방이 모였다. 징그럽고 무서워서 나방의 눈치를 보며 밥을 먹었다. 왠지 나방 때문에 밥을 덜 먹은 것 같다. 밥을 다 먹고 산책을 했다. 어? 그때 보물찾기를 하며 잃어버린 보물이 산책길에 보였다. 나는 조금 소름이 돋았다.
'누가 버렸지?' 하고.
나는 내 물건을 버리면 화내는 성격이라는 건 알 텐데… 무서워서 그냥 가려고 하는 순간, 엄마가 "혜원아, 여기 예쁜 것이 있어."라고 했다. 어깨를 들썩이며 모른 척했다. 그래도 기분은 좋았다. 우리는 커다란 전등 옆을 지났다. 낮이 아닌 데도 환했고, 눈이 부셨다. 우리는 재빨리 그곳을 벗어났다. 좁고 구불구불한 길을 지나갈 때 손을 잡고 걸어갔다.

텐트에 도착했을 때는 모두 불멍을 하고 있었다. 나는 준비되어있는 의자에 앉아서 불을 바라보았다. 따뜻하고 졸렸다. 눈을 한번 감았다가 떠보니 나는 텐트 안이었다. 그새 잠들어서 텐트로 옮겨진 내가 신기했다.

환한 아침이었다. 오늘은 모두 헤어지고 집으로 가는 날이다. 짐 정리를 모두 마치고 차에 올라타기 전 작별 인사를 했다.

"이곳의 푸른 하늘과 작은 새, 나무야 안녕"

모두와 작별 인사를 했다. 갑자기 떠나려고 하니 마음 한쪽이 쓸쓸했다. 큰소리로 "안녕!"이라고 외쳤더니 사람들이 다 쳐다보았다. 쪽 팔렸다. 마지막 날 떠날 때는 정말 마법같이 네잎클로버를 발견해서 완벽하고도 너무 좋은 날이었다.

자연에게 마음을 담은 편지

우리가 자연을 파괴하고 개발하고 있어서 힘들지?

너는 우리가 깨끗한 공기를 마실 수 있게 해주는데,

우리는 너한테 도움은 주지 않고, 오히려 망치고 있어.

그래도 우리가 함께 살아가기 위해 노력할게.

그리고 너를 도와서 자연을 다시 살리려는

캠페인을 하면서 힘쓰고 계신 분들도 많으니까,

너도 힘내줘!

마지막으로 너한테 도움이 될 수 있을지 모르겠지만,

일반 쓰레기나 유해 물질로 자연에 해롭게 하는

일도 없도록 할게:-) 그럼 안녕♡!

남해의 1박 2일 최유리

저는 독서를 좋아해서 책을 읽고 나의 이야기를 책으로 쓰는 것이 좋은 추억이 될 것 같다는 생각에 책 쓰기 동아리에 들어왔습니다. 책 쓰기 동아리에서 저의 경험을 주제로 하여 멋진 글을 쓰고 싶습니다. 제가 쓴 책을 누가 읽을지는 모르겠지만 책을 재미있고 즐거운 마음으로 읽어줬으면 좋겠습니다. 열심히 추억을 떠올려 멋진 책을 쓸 수 있도록 노력하겠습니다.

남해의 1박 2일

이 글은 남해에 힐링 여행을 갔을 때 어떤 활동이나 체험을 했는지 어떤 생각과 느낌이 들었는지를 적은 글입니다. 그리고 이 글은 여행하면서 이동했던 장소를 목차로 해서 적은 글이기도 합니다.

거북선

우리 가족과 할머니와 함께 아침 11시 정도에 남해로 출발하였습니다. 남해까지는 2시간 정도 가야 해서 멀미가 좀 났지만, 몇 년 만에 여행을 가는 거라서 즐거웠습니다. 그리고 시간이 없어서 갈 수 있을까 했던 곳인 거북선에 도착했습니다. 아빠와 할머니는 거북선을 안 보아도 된다고 하셔서 엄마, 동생과 함께 거북선 안에 들어가 보았습니다. 책에서만 보았던 무기들이나 갑옷을 보니 정말 신기했습니다. 이순신이 지냈던 방이 어떻게 생겼는지도 보고 옷도 걸쳐 입어보

앉습니다. 갑옷이 생각보다 무거웠습니다. 여러 군데군데 통로나 계단이 있었지만 거기는 다 막아놔 못 들어가 보아서 아쉬웠습니다. 그리고 이 거북선은 남해로 1999년에 옮겨졌다고 했습니다. 또 아래에 내려가 볼 수도 있고 거북선 아래를 볼 수 있어서 정말 신기했습니다. 이번에는 부엌과 뒷간에 가 보았습니다. 옛날 사람들이 사용했던 여러 가지 요리도구나 장작 등이 보관되어 있어서 신나게 구경하였습니다. 구경할 곳이 많아서 많은 구경을 하지는 못했지만, 거북선에 가본 것만으로 정말 재미있었습니다. 그리고 남해에 거북선이 있다는 것도 알게 되었습니다.

거북선을 구경하면서 이순신 장군이 해상전투에서 신호연이 명령을 내리는 수단이라는 것도 알게 되었고, 비슷한 연이지만 낮과 밤의 모습도 다르고 연 하나하나 의미하는 뜻이 다르다는 것도 알게 되어 뿌듯했습니다. 그리고 실제로 거북선이 몇 척인지는 모르지만, 예상으로는 3척 정도 남아있을 것 같다고 했습니다. 거북선을 약 30분 정도 구경하다 나왔습니다. 아빠와 할머니는 왜 이렇게 늦게 나왔냐고 물어보자, 나는 구경 할 것도 많고 설명들도 읽어본다고 늦게 나왔다고 했습니다.

갯벌 체험

거북선에 갔다가 2시부터. 4시까지 하는 갯벌 체험에 도착했습니다. 우리는 2시 전에 와서 모자와 팔토시를 착용했습니다. 먼저 1시 40분쯤에 주민 어르신들이 먼저 들어가시고 우리 가족은 2시가 되어 들어갔습니다. 발이 안 빠지는 곳에는 조개가 많고 발이 잘 빠지는 곳에는 낙지가 있다고 했지만, 발이 빠지는 것이 싫어서 발이 안 빠지는 곳으로 갔습니다. 처음에는 조개가 잘 안 나오고 동생이 어떻게 하는지 모른다고 짜증을 내서 조금 힘들었지만, 곧 엄마와 방법을 터득해서 조개를 캤습니다. 그리고 동생의 바구니를 보았는데 조개가 엄청 많아서 놀랐습니다. 궁금해서 동생에게 어떻게 그렇게 많이 캘 수 있었는지 물어보자, 할머니가 조개를 엄청 잘 캐셔서 잘 못 캐는 동생에게 줬다고 했습니다. 거기에는 작은 꽃게들과 소라들도 있었습니다.

갯벌 체험을 하려고 온 가족들은 우리 가족을 합해서 3팀 있었습니다. 어린아이들이 있는 가족이 제일 먼저 나갔습니다. 조개를 캐던 중 되게 큰 조개가 잡혔습니다. 그것은 내가 잡은 것 중에서 제일 큰 하얀색 백합이었습니다. 아빠가 우리 가족이 잡은 조개 중에서 제일 큰 조개라고 해서 기분이 좋고 뿌듯했습니다. 낙지를 몇 마리씩 잡은 가족들도 있다고 해서 신기했습니다. 시간이 거의 4시가 다 되어갈 무렵 우리 가족은 할머니가 캐고 있는 곳으로 갔습니다. 할머니는 조개를 산처럼 쌓아 놓았습니다. 그리고 할머니는 우리가 캔 조개가 들어있는 바구니에 할머니가 캔 조개를 더 넣어 주었습니다. 아빠가 할머니보고 여기 사는 사람 같다고 했습니다.

더 캐고 싶었지만, 곧 4시가 되어서 바구니와 호미를 챙겨서 입구로 갔습니다. 바구니에 조개가 너무 많아 한두 개씩 떨어졌습니다. 입구에서 장화와 호미를 씻었습니다. 장화를 씻을 때 양말이 젖어서 찝찝했습니다. 우리 가족이 모두 장화와 호미를 반납하고 조개 씻는 곳으로 가니 직원이 우리 가족이 캔 조개를 물에 넣어 헹구고 있었습니다. 진흙이 다 씻기니까 조개 모양이 예뻤습니다. 조개껍데기 안에 조개가 없는 것은 빼주었습니다. 직원이 정말 착한 것 같았습니다. 조개를 전부 포장하니 3봉지가 나왔습니다. 2봉지는 우리 가족이 가져가기로 했고 할머니께서는 1봉지를 가져가기로 했습니다.

이제 차를 타고 숙소로 갔습니다. 우리 숙소 이름은 '큰 별'이었습니다. 그곳에는 큰 침대 하나와 작은 침대 두 개가 있었습니다. 아빠는 큰 침대에서 자기로 했고 작은 침대에서는 나와 할머니께서 잤습니다. 엄마는 소파에서 자기로 하고 동생은 바닥에서 자기로 했습니다. 숙소에서 조금 있다가 식당에 가서 밥을 먹었습니다. 하지만 그 식당은 파리가 많았습니다. 밥으로 멸치 정식을 먹었는데 정말 맛있고 식감이 좋았습니다. 숙소에 돌아와 모두 씻고, TV를 보다가 10시 30분쯤에 잤습니다. 가족 모두 자는데 나만 잠이 안 왔습니다. 남해 바다를 보면서 잠들었습니다.

다랭이 논

아침에 일어나니 6시 40분. 아무도 일어나지 않아서 베란다에 나가 남해의 예쁜 바다를 감상하고 있었습니다. 7시쯤에 엄마가 깨어나고 그 후 할머니, 동생, 아빠 순서대로 줄줄이 깨어났습니다. 아침으로 어제 엄마가 편의점에서 사 온 삼각김밥을 먹었습니다. 우유도 같이 먹었습니다. 우유가 정말 시원하고 맛있었습니다. 숙소에 1시까지밖에 못 있어서 11시 전에 짐을 싸서 나왔습니다. 숙소 바로 앞에 귀여운 강아지 '람보'와 사진을 찍었습니다. 이번에 우리 가족이 갈 장소는 갈까 말까 했던 다랭이 논입니다. 아빠가 어차피 가는 길이어서 보고 가자고 했습니다. 차로 5분 정도 가서 도착하였습니다. 생각했던 것보다는 사람이 많아서 깜짝 놀랐습니다. 원래 다랭이 논의 뜻을 몰랐는데 차에서 내려서 보니 산을 깎아 계단처럼 만들어 농사를 짓는다는 것을 알게 되었습니다. 다랭이 논이 바다와 같이 어울려서 있으니 더 예뻐 보였습니다.

다랭이 논을 더 자세히 볼 수 있도록 내려가는 길이 있었는데 우리 가족은 다랭이 논을 본 다음 3곳이나 가야 해서 10분 정도만 구경하다 가서 아쉬웠습니다. 우리 가족은 바다와 다랭이 논이 같이 보이는 곳에서 사진을 여러 장 예쁘게 찍었습니다. 그리고 산이 계단처럼 깎여져 있어서 마치 거인이 그곳을 올라갈 것 같아 보였습니다. 정말 짧은 시간이었지만 거기에 되게 오래 있었던 것 같았습니다. 그러고는 생각이 바뀌었는지 우리 가족은 내려가자고 했습니다. 할머니가 다시 올라오시기 힘드실 것 같아 조금만 내려갔습니다. 아래로 내려가니 꽃이 알록달록하게 피어있었습니다. 정말 아름다웠습니다. 좀 더 내려가니 다랭이 논의 산에서 농사짓는 사람이 보여서 신기했습니다. 근데 내려가는 것은 쉬웠지만 올라오는 것은 덥고 힘들었습니다. 올라와서 나무가 많은 그늘에서 쉬었다가 사진을 찍고는 갔습니다. 이제 차를 타고 다음 목적지인 양떼 목장에 갔습니다.

양떼 목장

이제 다랭이 논을 구경하고 양떼 목장으로 출발했습니다. 저는 동물을 좋아하고 먹이를 주는 것도 좋아해서 기대되었습니다. 몇 분 지나지 않아 도착했습니다. 도착해서 주차를 하고 먹이를 4통 샀습니다. 양에게 먹이를 주는 것이라서 기대되었습니다. 들어가려고 할 때 양 우리 앞에 있는 토끼들과 기니피그들을 보았습니다. 엄마가 토끼에게 당근을 주라고 했습니다.

그래서 동생과 나는 토끼와 기니피그에게 당근을 먹여주었습니다. 토끼와 기니피그가 당근을 오독오독 씹어 먹는 모습이 너무 귀여워서 사진을 찍었습니다. 이제 드디어 양 우리에 들어갔습니다. 아까 먹이를 받을 때 양 우리에서 양 두 마리가 탈출한 장면을 보아서 조심조심 문을 열었습니다. 우리 안에는 정말 귀여운 양들이 가득 있었습니다. 여기에는 작은 양들이 많다고 했고, 더 위에는 덩치가 큰 양이 많다고 했습니다. 이제 먹이를 주었습니다. 먹이통에는 풀과 당근이 있었는데 풀 먼저 주어야 한다고 했습니다. 왜냐하면 당근을 먼저 먹으면 양이 나중에 풀을 먹지 않는다고 했습니다. 먹이를 정말 잘 먹었습니다. 그리고 먹이통을 높이 들고 있지 않으면 양들이 먹이통에 있는 먹이를 다 먹어버린다고 해서 계속 높이 들고 있느라 불편했습니다.

그런데 먹이를 줄 때 몇몇 양은 등에 파란 점 같은 것이 있었습니다. 처음에는 이게 뭔지 몰랐는데 생각해 보니 표시 같은 것이었습니다. 양들이 먹이를 가지고 있으니, 어디를 가든 계속 따라와서 신기하고 귀여웠습니다. 그리고 할머니는 먹이통은 나한테 주시고 벤치에 앉아 계셨습니다.

더 위에는 말 한 마리가 있다고 해서 위로 올라갔습니다. 위로 올라가니 아빠 말대로 정말 갈색 말 한 마리가 있었습니다. 말은 풀은 먹지 않고 당근을 먹었습니다. 아빠 말고는 다 당근을 양에게 모두 주어서 아빠에게만 당근이 몇 개 남아있었습니다. 그래서 그 당근으로 말에게 먹이로 주었습니다. 동생은 손이 작아 말에게 먹힐 뻔했습니다. 이제 말에게 먹이를 다 주고 더 위로 올라갔습니다.

더 위에는 커다란 양들이 엄청 많았습니다. 양들이 우리 밖으로 나올 것 같아서 조심히 우리 문을 열어 들어갔습니다. 들어가니 정말 동생만큼 큰 양이 엄청 많았습니다. 생각보다 양이 많아서 놀랍고 신기했습니다. 그 우리에는 아기 양이 한 마리 떨어져 있었는데 그 양에게 다가가 먹이를 주려고 하니 아기 양은 무서운 듯 도망쳤습니다. 원래 양은 순해서 먹이를 잘 받아먹는 줄만 알았는데 그 아기 양은 의아했습니다. 그리고 밑에 있는 아기 양 우리에 있는 아기 양들은 울음소리를 내지 않았었는데 위에 있는 큰 양들은 울음을 잘 내었습니다. 큰 양들이 먹이를 잘 먹어준 덕분에 먹이통이 깨끗해졌습니다.

그리고 양 때문에 잊고 있었던 미니 기차를 타야 할 시간이 다 되어서 우리 가족은 입장권 2장을 샀습니다. 미니 기차가 운행하는 시간까지 벤치에 앉아서 기다렸습니다. 할머니는 이때 동생에게 사과를 깎아주셨고, 몇 분 후 직원이 미니 기차에 타라는 손짓을 했습니다. 나는 입장권 2장과 핸드폰을 챙기고, 동생은 먹고 있던 사과를 가지고 탔습니다. 직원이 입장권을 확인한 후 우리는 맨 끝에 탔고, 뒤이어 곧 출발한다고 말해주었습니다. 2~3분 후 기차가 출발했습니다, 나는 기차가 출발하자 엄마 휴대폰으로 사과를 먹는 동생과 풍경을 같이 찍었습니다. 사진 2장과 동영상을 찍었습니다. 옆에 있는 강과 같이 있는 나무들과 꽃 풍경을 위주로 동영상을 찍었습니다. 그리고 돌 때문에 울퉁불퉁한 길에서는 기차가 심하게 덜컹거렸습니다.

또 기차가 다니는 길 끝에서는 운전사가 미니 기차를 빙글빙글 돌려주어서 동생이 재밌어하고 좋아했습니다. 이제 왔던 길을 다시 돌아갔습니다. 미니 기차가 아까 출발했던 장소에 도착하자 동생과 같이 내렸습니다. 내리고 엄마한테 찍었던 사진과 동영상을 보여주었습니다.

동생은 토끼를 구경하러 가더니 토끼에게 먹이를 더 주고 싶다고 했습니다. 동생이 아쉬워하자, 그곳에서 일하시는 아주머니께서 동생에게 풀을 좀 더 주었습니다. 그러자 동생은 풀을 들고 토끼가 있는 쪽으로 가서 나도 따라가서 토끼에게 풀을 먹여주었습니다. 그런데 풀을 먹는 토끼도 있었고 풀을 안 먹는 토끼도 있었습니다. 그리고 옆에 있는 기니피그 두 마리는 풀을 잘 먹었습니다. 이제 엄마가 진짜로 가자고 해서 또다시 차에 탔습니다. 이제 점심을 먹으려고 식당으로 갔습니다. 몇 분 후 식당에 도착했습니다. 거기에서 고등어와 같은 생선을 먹었습니다. 원래 생선을 별로 좋아하지 않았지만 그래도 맛있었습니다. 식당 근처에 있는 엄청 큰 시장에 갔습니다. 거기에서 채소, 해산물 등을 샀습니다. 이제 차로 돌아가려는데 시장이 너무 커서 나가는 길을 잃어버렸습니다. 다행히도 아빠가 나가는 길을 찾아서 나갔습니다. 못 찾는 줄 알고 걱정했는데 계속 돌아다니면서 길을 찾아서 다행이었습니다. 그다음 장소의 독일마을로 갔습니다.

독일마을

독일마을은 남해에 있는 양떼 목장의 정반대이기 때문에 좀 더 시간이 걸렸습니다. 도착하자 엄청 큰 입구가 있었습니다. 입구가 크고 예뻐서 할머니, 엄마, 동생과 함께 사진을 찍었습니다. 사진은 뒤에서 아빠가 찍어서 사진이 조금 옆으로 갔지만 그래도 잘 나왔습니다. 이제 안으로 들어갔습니다. 먼저 거기에 있는 마차에 탄 사진과 마차 앞에 동생과 같이 선 사진을 찍었습니다. 거기에는 꽃도 많았습니다. 그리고 동생이 뭘 먹고 싶다고 해서 엄마가 가게에서 소시지를 샀습니다. 독일엔 소시지가 유명해서 가게에서는 거의 다 소시지만 팔아서 아쉬웠습니다. 독일마을에 대한 설명이 있었는데 우리나라 한국 의사들이 독일로 가서 살다 다시 한국으로 돌아와 적응할 수 있게끔 만들어진 것이라고 적혀있었습니다. 조금 더 올라가면 독일식으로 지어져 있는 집에 포토존이 있었습니다. 그리고 바닥에는 이국 스타일의 그림이 섬세하게 그려져 있었습니다. 그리고 조금 더 위로 올라가면 독일식의 집이 모여 있는 것이 훤히 보이는 전망대에 갔습니다. 거기에 올라가니 예쁜 독일식 집이 많이 모여 있어서 훨씬 더 예뻐 보였습니다. 우리나라에 이렇게 예쁜 집이 있다는 것이 놀라웠습니다. 거기에서도 사진을 찍었습니다. 여행하면서 정말 많은 사진을 찍은 것 같았습니다. 전망대에서 조금 쉬고 아까 있던 자리로 내려왔습니다.

엄마가 조금 더 밑으로 내려가 걸어가면 가게도 있고 구경거리가 있다고 해서 내려가기로 했습니다. 차를 타고 갈 것인지 걸어서 갈 것인지 의견이 갈렸지만 그렇게 많이 내려가는 것이 아니기 때문에 걸어가기로 결정했습니다. 내려가는 것이 동생한테는 힘들었는지 힘들다고 했습니다. 하지만 곧 가게에 도착했습니다. 거기엔 사람들이 꽤 있었습니다. 그 가게에는 여러 가지 종류의 인형과 반지, 머리띠, 우표, 마스킹테이프 등을 팔았습니다. 엄마, 할머니, 동생과 나는 가게 안에 들어가 구경했고 아빠는 밖에서 기다렸습니다. 귀여운 인형들이 많았지만, 너무 비싸서 많이 사지 못하고 나는 마스킹테이프 하나를 샀습니다. 마스킹테이프에 예쁜 독일식 집들이 그려져 가을 느낌이 나타났습니다. 동생은 독일마을의 엽서를 샀습니다. 엽서에는 아름다운 독일 미술이 그려져 있어 정말 예뻤습니다. 마스킹테이프는 5천원, 엽서 두 장은 4천원이었습니다. 가게에 있는 물건을 다 구경하고 밖으로 왔습니다. 내려갈 때는 내리막길이라서 괜찮았는데 다시 돌아갈 때는 오르막길이라 힘들다고 더 내려가지 않고 다시 올라왔습니다. 올라오면서 정말 예쁜 꽃들도 많았습니다. 차가 주차되어있는 곳에 다시 도착했습니다. 독일마을에서 구경할 거리는 모두 다 둘러봐서 가야 하는 것이 아쉬웠습니다. 이제 한 곳에만 더 가면 집에 가야 한다고 했습니다. 그래도 다음은 스카이워크입니다!

스카이워크

스카이워크는 높은 곳에서 걸어보고 싶어서 간 곳입니다. 그리고 남해에서도 바다를 보며 하늘 위에서 걷는 곳이라 유명하다고 했습니다. 또 바닥이 유리로 되어 밑이 보이는 부분도 있다고 했습니다.

스카이워크에 도착하자 저 위에 사람들이 걸어 다니는 것이 보였습니다. 먼저 차를 주차장에 주차하고 위로 올라갈 수 있는 엘리베이터를 탔습니다. 엘리베이터를 통해 위로 올라가자 입구가 나타났습니다. 스카이워크 입구 쪽에는 먹거리를 즐길 수 있는 식당, 카페, 화장실 등으로 휴게소와 비슷했습니다. 입구 옆에는 직사각형으로 뚫려있는 액자 모양 포토존이 있었습니다. 거기에는 다른 사람들이 먼저 사진을 찍고 있어서 기다렸습니다. 그 액자 모양은 산과 바다가 어우러진 배경이었습니다. 차례를 기다렸다가 우리 가족끼리 사진을 찍었습니다. 엄마와 동생과 함께 찍고 나 혼자 일어서거나 앉아서 찍었습니다. 사진이 정말 잘 나와서 기뻤습니다. 이제 스카이워크가 있는 쪽으로 갔습니다. 아빠는 높은 곳을 무서워하는 고소공포증이 있어 유리로 되어 있는 곳은 못 왔습니다. 할머니는 아무렇지 않게 유리로 되어 있는 바닥을 잘 걸어 다니셔서 대단했습니다. 스카이워크의 맨 끝에 가서 5명의 단체 사진을 찍고 나와 동생도 뒤쪽 바다 뷰와 함께 사진을 찍었습니다. 유리로 되어 있는 곳은 조금 무서웠지만 그 부분으로 걸어보니 전혀 무섭지 않았습니다. 높은 곳에서 보는 바다 뷰와 산의 뷰가 정말 예뻤습니다. 스카이워크를 걷고 다시 입구로 갔습니다.

아까는 못 보았었던 흔들의자에 탔습니다. 동생이 재미있다고 했습니다. 카페 안에 들어갔습니다. 어른들은 커피를 마셨습니다. 나와 동생은 카페 안에 있는 뽑기를 하고 싶어서 해 보았습니다. 거기에서 먼저 절대 꽝이 없는 뽑기를 했습니다. 손전등 같은 기구에 빛이 나오는데 갖고 싶은 봉지에 쏘면 손전등 같은 기구에 바람이 나오면서 잡아 뽑히는 기계였습니다. 동생은 오트밀이 여러 개 들어있었고 나는 젤리가 여러 개 들어있어서 가족과 함께 나누어 먹었습니다. 그리고 동생이 마이멜로디 열쇠고리를 뽑아보고 싶다고 해서 뽑았는데 아깝게 실패했습니다. 나는 스카이워크에 한 번 더 가 보고 싶어져서 엄마와 함께 가자고 했습니다. 엄마는 고민하다가 같이 가자고 해서 기뻤습니다. 동생이 엄마와 같이 있고 싶다고 가지 말라고 했습니다. 엄마는 동생한테 금방 다시 올 거라고 달래주었습니다. 나는 못 가는 건가 걱정했는데 다행히도 동생이 괜찮다고 해서 엄마와 함께 스카이워크로 갔습니다. 이번에는 높은 곳에 있는 것이 익숙해져서 계속 바닥이 보이는 유리로 된 길로 갔습니다. 이번에는 맨 끝에서 엄마와 같이 셀카와 바다가 보이도록 해서 사진을 찍었습니다. 엄마와 단둘이 같이 가니 더 신나고 재미있었습니다. 남해에는 설리 스카이워크와 보물섬 전망대 스카이워크가 있었는데 보물섬 전망대 스카이워크는 아빠가 무서울 것이라 해서 못 갔고 설리 스카이워크는 많이 무섭지 않다고 해서 무섭지 않으려고 설리 스카이워크에 갔는데 전혀 무섭지 않고 동생 기분이 별로 좋지 않았지만 즐거웠습니다.

　엄마와 스카이워크에 갔다 와서 화장실을 지나 가족들이 있는 카페로 들어가려고 했는데 화장실에서 갑자기 동생이 튀어나와 깜짝 놀랐습니다. 동생 이야기를 들어보니 엄마와 내가 여기로 오는 걸 보고 화장실로 뛰어왔다고 했습니다. 카페로 들어가니 동생에게 아빠가 갑자기 어디로 달려갔었냐고 물어보았습니다. 동생이 말은 하고 뛰어왔을 줄 알았는데 아무 말도 안 하고 있다니 원래 그러지 않았는데 동생 기분이 좀 좋지 않은 것 같았습니다. 아빠는 마음대로 돌아다니다가 위험한 일이 생길 수도 있다고 하면서 동생에게 말했습니다. 동생의 기분이 왜 안 좋아졌는지 이유를 잘 모르겠어서 답답했습니다. 이제 돌아가야 되지만 여운이 남아 흔들의자에서 아까 뽑기 기계에서 뽑은 간식을 먹으면서 앉아있었습니다.

이제 집으로 돌아가야 해서 주차장으로 돌아가야만 했습니다. 아까 전에 타고 올라왔던 엘리베이터를 타고 내려갔습니다. 차에 타자 정말 남해 여행이 끝이고 집에 돌아가야 하는 것이 믿기지 않았습니다. 남해 여행을 가기 몇 주 전, 며칠 전만 해도 엄청 기대되고 설렜었는데 남해 여행이 끝나니 정말 아쉬웠습니다. 그래도 코로나가 괜찮아져서 몇 년 만에 가는 거라 더 즐거웠었던 거 같았습니다. 그리고 모두 재미있었지만, 양떼 목장, 갯벌 체험, 스카이워크가 가장 재미있어서 기억에 남을 것 같습니다. 엄마가 이제 마지막으로 바다를 보는 거라고 했습니다. 창문 너머로 보이는 바다가 반짝거렸습니다. 집에 가면서 여행을 마치니 뿌듯하다는 생각도 들었습니다.

　　가장 인상 깊었던 것은 **거북선**의 안에서 옛날에 사용했던 모자나 옷을 걸쳐볼 수 있는 것이었고 **갯벌 체험**에서는 처음에는 조개가 잘 안 잡혔는데 처음으로 조개가 잡혔던 부분과 가장 큰 백합 조개를 잡았을 때입니다. 또 **다랭이 논**은 바다와 산의 배경으로 가족과 함께 사진을 찍은 부분이고 **양떼 목장**에서는 큰 양들과 기니피그에게 먹이를 준 것이 인상 깊었습니다. **독일마을**은 가게에 가 물건들을 구경하고 산 일이 인상 깊었고 마지막으로 **스카이워크**에서는 높은 곳에서 유리로 된 바닥에서 걸어본 것과 산과 바다를 높은 곳에서 밑으로 내려다본 것이 인상 깊었습니다. 집에 돌아오자, 며칠이나 밖에 있다. 들어와도 편한 데 하루 정도 밖에 있다 들어온 것인데 너무 신나게 놀았는지 어색하기도 하고 때때로 편하기도 했습니다. 나의 기억에 쭉 남을 남해 여행이었습니다.

자연에게 마음을 담은 편지

우리가 종이나 각종 편리한 기구들을 만들려고

숲에 있는 나무를 베고 없애서 많이 힘들지?

그리고 숲에 있는 여러 종의 동물들을

마구 잡고 죽여서 미안해.

앞으로 종이를 낭비하지 않고

꽃과 식물을 함부로 꺾지 않을게.

우리가 숲을 너무 많이 개발하고 있어서 힘들겠지만

조금만 더 힘내줘. 파이팅!

2022년과 2023년 사이   김서현

　제 소개를 시작해 볼게요. 여러분은 좋아하시는 것과 싫어하시는 것이 무엇인가요? 저는 좋아하는 것은 과일, 국어, 엽떡이고, 싫어하는 건 수학, 사회를 싫어해요! 그런데 저번 수학 시험을 쳤을 때 100점을 받아서 기분이 하늘로 날아가는 것만 같은 기분이 들었어요. 시험을 치기 전날 공부를 정말 열심히 하고, 학교 와서도 몇 문제 풀어보고, 열심히 노력해서 100점을 받은 것 같아요. 여러분도 어려운 것과 힘든 것이 있으면 열심히 노력해서 성공하길 바라요!

　여러분들은 책을 써보신 적이 있나요? 저는 이번 동아리로 책을 쓰게 되었는데요, 제가 이렇게 동아리에 들어와서 책을 쓰는 것은 처음이지만 동아리 시간을 통해서 책을 쓰는 것도 정말 의미 있는 일인 것 같아요. 1년 동안 정말 재미있는 동아리 활동을 해서 우리 책쓰기 동아리인 '도원글방'을 통해 글을 쓰는 취미가 생겼어요. 짧지만 짧지 않은 제 소개를 마치도록 할게요.

2022년과 2023년 사이

"캠핑은 겨울 캠핑이지!"

캠핑을 즐기시는 외삼촌 말씀이다. 올해도 어김없이 외삼촌은 겨울 캠핑을 계획하셨다. 날짜는 12월 마지막 날, 청도의 어느 캠핑장을 예약하신다고 우리 가족도 함께 가자고 하셨다. 그렇게 우리는 외삼촌 가족과 12월 30일, 31일, 1월 1일 총 2박3일 동안 청도 빗소리 캠핑장에 가게 되었다. 평소에 외삼촌 가족의 사촌언니, 사촌동생과 자주 만나서 놀기도 하고 여행도 다녀서 같이 간다고 하니 너무 기대되었고, 캠핑장에서 새해를 맞이한다고 생각하니 너무 설레었다.

30일 아침 차에 짐을 가득 싣고 청도로 떠났다. 쌀쌀한 날씨였지만 기분 탓인지 전혀 춥게 느껴지지 않았다. 오히려 겨울 햇살이 따뜻하게 느껴졌다. 차를 타고 1시간 정도 가니 캠핑장에 도착했다. 캠핑장에 도착하자마자 눈에 들어온 것은 트램펄린이었다. 나, 동생, 사촌 언니, 사촌동생 우리 넷은 트램펄린을 향해 달려갔다. 점프를 하는데 손이 하늘에 닿는 듯했다. 구름도 내 마음처럼 웃고 있었다.

우리가 트램펄린에서 신나게 노는 동안 엄마, 아빠, 외숙모, 외삼촌은 텐트를 치셨다. 두 집이 같이 생활을 하기 때문에 두 개 텐트를 같이 붙여서 치셨다. "누나! 텐트가 하나처럼 연결이 됐어!"

하나가 된 텐트를 보고 동생이 신이 나서 폴짝폴짝 뛰었다. 나도 텐트가 연결된 것이 너무 신기했고 2박 3일 동안 지낼 우리 집을 보고 설레었다.

텐트를 다 치시고 어른들은 캔 맥주를 드셨다.
"시원~하다."
추운 겨울인데 맥주가 시원하다고 하셨다. 그게 무슨 맛일까 궁금하지만 나중에 알게 되겠지.

맛있는 냄새가 났다. 저녁으로 먹을 LA갈비를 굽는 냄새였다. 고기를 좋아하지는 않지만 캠핑 와서 먹는 고기는 맛있는 것 같다. 배불리 저녁을 먹고 우리 넷은 윷놀이를 했다. 동생과 사촌동생이 편을 먹고, 나와 사촌언니가 편을 먹었다.
"윷이야!"
"모야!"
오늘 내가 운이 좋았는지 윷이랑 모가 몇 번이나 나와서 우리 팀이 이겼다. 평소에는 재미없다고 안 하던 윷놀이인데 어찌나 재미있던지, 우리는 내일 밤에 또 하기로 하고 잠자리에 들었다.

추운 겨울이지만 난로를 틀어 놓아서인지 텐트 안은 너무 따뜻했다. 그리고 너무 아늑했다. 나도 모르게 스르륵 잠이 들었고 캠핑 첫날 밤은 따스하게 깊어 갔다.

31일 아침, 향긋한 커피 냄새가 잠을 깨웠다. 외숙모가 드립커피를 내리는 냄새였다. 커피를 못 먹지만 먹어보고 싶을 만큼 너무 구수하고 향긋했다. 아이들은 핫초코를 먹었다. 세상에서 제일 달콤한 모닝 핫초코였다.

아침을 먹고 있는데 방송이 나왔다.

"윷놀이 대회가 있으니, 밖으로 나와 모여주세요."

"윷놀이를 한다고?"

우리는 모두 밖으로 나갔다. 캠핑을 하러 온 사람들이 모여 있었다. 그리고 내 키만큼 커다란 윷가락이 우릴 기다리고 있었다. 집집마다 대결을 해서 결승으로 올라가는 방식이라고 했다.

'내가 윷놀이를 좀 하지!'

자신 있게 내가 대표로 윷을 던졌다.

"엥?"

아쉽게도 우리는 첫 대결에서 탈락했다. 너무 아쉬웠지만 참가상으로 받은 돼지 저금통이 내 마음을 조금 달래줬다. 그래도 캠핑장에서 하는 윷놀이는 이색적이었고, 세수도 하지 않은 부스스한 모습으로 신나게 윷을 던지는 사람들의 모습이 재미있었다. 잊지 못할 추억일 것 같다.

아침을 먹고 우린 오늘도 트램펄린으로 향했다. 모르는 아이들과 같이 게임도 하고 신나게 놀았다. 한참을 뛰어놀았더니 배가 출출했다. 그러고 보니 점심시간이 되었다. 점심은 어묵탕과 염통꼬치였다. 따뜻한 어묵 국물이 추위를 사르르 녹여주었다.

해가 지고 어둑해지니 어젯밤처럼 캠핑장에는 예쁜 불이 켜졌다. 반짝이는 예쁜 불빛을 보면 기분이 좋아진다. 캠핑장에서 보는 하늘은 집에서 보는 하늘과 많이 다르다. 별들이 머리 위 눈앞에서 반짝이고 있었다.

우리는 스파클라에 불을 붙였다. 네 명씩 모여 한 사람씩 L,O,V,E를 그리며 러브라는 글자를 만들었다. 엄마가 사진을 찍어주셨다. 러브 글자가 선명하진 않았지만, 사진에 찍힌 우리 넷의 모습이 너무 예뻤다.

어른들은 숯불에 막창을 구워 드셨고 우린 마시멜로우를 구웠다. 숯불에 구워 먹는 마시멜로우는 입에서 사르르 녹았다. 너무 달콤한 밤이었다.

12월 31일 2022년의 마지막 밤이다. 아빠가 깜짝 이벤트로 케이크를 준비하셨다. 낮에 잠시 필요한 걸 사러 나가신다고 하셨는데 그게 케이크였나보다. 케이크에 불을 붙이고 우리는 2023년을 기다렸다.

"5, 4, 3, 2, 1"
"해피 뉴이어!"
캠핑장에서 2023년을 맞이했다. 엄마가 잠시 눈을 감고 소원을 빌자고 하셨다. 2022년의 나에게 수고했다고 말해주고 2023년도 열심히 해보자고 나를 응원했다. 그리고 우리 가족이 건강하고 행복하기를 진심으로 빌었다. 새해를 맞이한 들뜬 마음으로 우린 잠이 들었다.

1월 1일 아침, 엄마가 떡국을 끓여 주셨다. 캠핑장에서 먹는 떡국은 다른 날 먹는 떡국보다 10배는 더 맛있게 느껴졌다. 2022년과 2023년 사이의 우리의 캠핑은 너무 특별했고 행복했다.

자연에게 마음을 담은 편지

우리가 깨끗한 공기를 마시고 지구에서

잘 살 수 있게 해주서 정말 너무 고마워 :)

우리가 숲을 계속 개발해서 생태계가 파괴되고 있어서

많이 힘들지? 하지만 우리도 너와 같이 살아가기 위해

많이 노력하고 힘쓰고 있어.

우리 서로 도와주면서 영원은 아니지만

오래오래 같이 열심히 살아가자!♥

우리가 네 덕분에 지구에서 살고 있어.

다시 한번 정말 고마워.

너한테 피해가 아닌 도움을 주려고 많이 노력할게.

우당탕탕 자연 탐방기   윤지후

한때 취미로 소설을 써본 적은 있지만, 작가와는 거리가 멀었는데 '도원글방' 책쓰기 동아리에 들어오게 되어 책을 쓰게 되었습니다. '자연 힐링 에세이'라는 주제도 처음 들어보아서 책 쓰는 것에 자신이 없습니다. 하지만 열심히, 끝까지 쓰고 싶고, 쓸 것입니다. 저의 경험과 마음이 담긴 글, 재미있게 읽어주세요! 감사합니다.

우당탕탕 자연 탐방기

유치원(5~7살)

　내가 어릴 적에는 자연에 대한 호기심이 많았던 것 같다. 유치원에 다녀오면 집 앞의 화단에서 자주 놀았다. 오랫동안 놀지는 못했지만 하루에 5~10분은 놀았던 것 같다. 그래서 처음 이야기로는 집 앞의 화단에서의 일을 최대한 세세히 풀어 써보겠다.

　유치원 수업을 마치고 유치원 버스를 타고 집으로 돌아왔다. 그리고 바로 화단으로 달려갔다. 그런데 나무 밑에 나뭇잎이 유난히 수북이 쌓여있었다. 나는 호기심에 가득 차 **빠르게** 그곳으로 갔다. 수북하게 쌓인 나뭇잎 더미를 싹 치우니 세상에나! 부리가 길고 눈이 똘망똘망한 새가 죽은 채로 모습을 드러냈다! 나는 태어나서 처음 보는 새의 사체에 깜짝 놀랐고 신기했다. 하지만 새가 불쌍해 흙과 나뭇잎으로 무덤을 만들어주고 집으로 돌아갔다. 놀랍고 신기했지만, 한편으로는 죽은 새가 불쌍했다.

시골인 할머니 댁에서의 자연에 대한 추억은 셀 수 없이 많다. 하지만 그 추억이 꼭 좋지만은 않다. 두 번째 이야기는 할머니 댁에서의 좋지 않은 추억이다.

할머니 댁 앞의 내리막길을 내려가 보면 운동기구와 정자가 있는 작은 쉼터 같은 공간이 있다. 형, 동생과 그곳에서 '무궁화 꽃이 피었습니다.' 놀이를 한 후에 집으로 뛰어서 돌아가고 있었다. 형은 나보다 빨라 집으로 먼저 들어갔고 동생은 나의 뒤에 있었다. 내가 동생보다 먼저 들어가려고 속도를 내던 그 순간 "으아아아악!!!"하고 내가 소리쳤다. 그 이유는 바로, 뛰어가다가 벌과 부딪혀서 뒷목에 벌에 쏘였기 때문이다. 나의 울음소리를 듣고 부모님이 나오셨다. 그리고 나를 달래며 집에 들어가 카드로 목에 박힌 벌침을 빼내셨다. 다행히 꿀벌이라 별로 붓지 않았고 위험하지도 않았다. 10분간 얼음찜질을 하니 진정이 되었다. 응급처치를 해주신 부모님이 정말 감사했다. 아팠지만 지금 생각해 보니 재미있는 추억이다.

초등학교 저학년(1~2학년)

가족과 함께하는 일은 정말이지 재미있다. 세 번째로는 가족과 함께했던 즐거운 일을 써볼 것이다. 가족과 함께 청산에 갔다. 곤충들의 울음소리가 마치 음악처럼 들렸다. 산을 오르고 올라 다리가 아플 때쯤 수변공원 쪽으로 갔다. 가는 길에 있는 울타리 사이사이에 거미,

나방 등 여러 곤충이 있었다. 하지만 수달이 없어서 아쉬웠다. 쉼터까지 갔다 다시 집으로 가는 길까지 정말 많은 생물을 보았다. 힘들었지만 곤충을 보니 좋았고, 무엇보다 가족과 함께하니 더할 나위 없이 행복했고 힐링 되는 순간이었다.

초등학교 중학년(3~4학년)

　설날에는 할머니 댁에 반드시 간다. 용돈도 받고 산에도 간다. 이번엔 설날에 있었던 일을 야무지게 써볼 것이다. 산에 있는 할아버지의 산소에 갔다. 절도 올려드리고 맛있는 음식을 먹고 놀았다. 오랜만에 할아버지를 뵈러 오니 좋았다. 그리고 고모와 사촌, 형제들과 위쪽으로 가서 할아버지 친척들의 산소에 갔다. 나는 아버지와 큰아버지를 따라 더 위로 올라갔다. 헉! 그런데 갑자기 산소 옆의 풀숲에서 뱀이 나왔다! 다행히 머리가 동글동글하게 생겨서 독사는 아니었다. 그래도 위험하니 재빨리 멀리 도망을 가서 지켜보았다. 다행히도 아버지와 큰아버지가 뱀을 쫓아내셔서 나는 안심하고 다시 돌아갔다. 뱀을 처음으로 봤기 때문에 무섭기도 했지만 재밌기도 했던 일이었다.

초등학교 고학년(5~6학년)

　산은 정말 좋은 곳인 것 같다. 나무가 많아 공기가 신선하고 건강에도 도움이 되기 때문이다. 그렇기에 이번 글은 산의 이야기로 가득 채워 볼 것이다. 아침부터 가족들과 산을 타기로 했다. 오랜만에 가는 산이라 설레었다. 등산로에 첫발을 내디딘 순간, 자연 속으로 들어왔다는 생각이 들었다. 그런데 풀숲의 옆쪽에 귀여운 개구리 한 마리가 앉아 있었다. 그리고 다람쥐가 앞을 재빠르게 지나갔다. 그 외에도 나비, 버섯 등 많은 동식물이 있었다. 산에는 정말 다양한 생물이 살고 있다는 것을 다시 한번 깨달았다.

열심히 힘을 내 정상에 다다랐을 때, 도심 속에서는 느낄 수 없는 신선하고 깨끗한 공기가 내 콧속으로 들어와 뇌를 맑게 해 주었다. 그리고 정상에 오니 뿌듯했다. 조금 쉬다가 하산을 했다. 자연에 한 발 더 가까워지고 운동도 한 특별한 경험이었다. 할머니 집은 시골이라서 정말 다행이다. 왜냐하면 그 덕에 자연과 친해질 수 있었기 때문이다.

나의 글이 거의 끝나가는 지금, 시골에서만 겪을 수 있는 소중한 경험을 솔직하게 써보겠다. 아버지를 따라 논에 갔다. 아버지는 논에 박힌 벼 싹을 떼어내고 나와 동생은 논에 서서 신나게 놀았다. 바지를 무릎까지 걷어 올리고 맨발로 논에 들어갔다. 질퍽한 진흙이 나의 발을 감싸고 있는 느낌이 좋았다. 그런데 논에 올챙이가 정말 많아서 동생과 함께 올챙이를 잡았다. 하지만 올챙이가 너무 많아서 잡아도, 잡아도 끝이 없었다. 소금쟁이도 많아서 잡으려고 했으나 너무 빨라서 몇 마리 잡지 못하고 채집을 끝냈다. 잡았던 올챙이와 소금쟁이는 방생하고 논에서 나왔다. 벌써 끝난 것이 아쉬웠지만 어쩔 수 없이 끝냈다. 언제 가도 재미있고 질리지 않는 논, 다시 가고 싶다.

마지막 글로 무엇을 쓸지 많이 고민했다. 하지만 무엇보다 온 가족, 친척들이 다 자연에서 모이는 명절에 대해 쓰는 것이 가장 좋을 것 같다. 그렇기에 명절인 추석에 있었던 일로 마지막을 장식하도록 하겠다. 마지막까지 집중해서 재미있고 즐겁게 읽어주길 바랍니다!

추석에 할아버지 산소에 갔다. 할머니 댁에 온 친척들이 모두 모였고 우린 다 같이 산에 갔다. 모두 모여 함께 가니 정말 정말 기뻤다. 그리고 본격적으로 산을 타기 시작했다. 가는 길에 강아지풀로 토끼도 만들고 키위나무도 보았다. 바닥에 밤이 많아서 조심조심 걸어갔다. 산소에 도착하니 멧돼지가 난장판으로 만들어 놓고 간 흔적이 있어서 무척 속상했다. 그러고 나서 밤을 주우러 갔는데 밤의 크기가 엄청나게 컸고 양도 엄청 많았다. 밤을 담는 봉지 2개가 가득 차고도 넘쳐흘렀다. 엄청 커다란 밤부터 엄청 작은 밤까지 모두 줍고 흙으로 재미있는 놀이도 하고 집으로 돌아갔다. 여러 생각과 느낌이 섞인 오랫동안 남을 추억을 하나 더 만들었다.

자연에게 마음을 담은 편지

자연아, 안녕! 만나서 반가워!

요즘 우리 인간들이 자연을 마구잡이로 개발해서 많이 아프고 힘들지? 적당히 좀 해야 할 텐데 말이야.

그래도 우리 인간이 필요한 만큼만 아껴 쓸게.

항상 미안하고 고마워! 우리 평생 공존하며 살자!

그럼, 안녕!

바람, 물, 풀 그리고 자연이 모이는 곳   김동우

저는 4학년 때 방구석 오타쿠였습니다. 집에 틀어박혀 매일 만화만 보다가 문득 이런 생각이 들었습니다. '내가 이런 만화를 그리면 어떨까?'라고 생각하며 저는 그 순간부터 만화를 그리기 시작하였습니다. 그리고 14장을 꽉 채운 만화가 완성되자 저는 친구들에게 저의 만화를 보여주었습니다. 하지만 돌아온 반응은 차가웠습니다. 그렇지만 저는 포기하지 않았습니다. 그렇게 어느새 4학년의 끝자락에 와있었습니다. 저는 생각했습니다. 그림을 못 그리는데 스토리를 쓰고는 싶고… 그리하여 저는 소설을 썼습니다. 그 소설을 친구에게 보여줄 때는 반응이 좋았습니다. 그런데 저에게는 치명적인 단점이 있었습니다. 판타지 외에는 아무 스토리도 생각나지 않았습니다. 지금 쓰는 에세이도 저에게는 오히려 약점이 될지도 모르겠습니다. 저는 여태껏 만화를 보고 영감을 얻어 소설을 써왔는데 자연, 힐링의 키워드에 맞는 만화는 많지는 않더라고요. 그래도 잘할 자신이 있습니다. 아무리 판타지 소설과 에세이가 다르더라도 저의 1년 동안 만화를 보며 스토리를 분석하던 것과 3학년부터 지금까지 스토리를 쓰던 저를 되돌아보니 저는 깨달았습니다. '나라는 존재는 스토리, 이야기를 짜기 위해서 이 세상 밖으로 나왔다는 것을.

바람, 물, 풀 그리고 자연이 모이는 곳

제1장. 그냥 평범한 캠핑

　점점 가까워진다. 내 인생에 길이 남을 장소로 가고 있다. 빠른 느낌을 주는 고속도로 소리, 가면서 보이는 다양한 시골집들, 그러다 나도 모르는 사이에 잠이 스르륵 들었다. 눈을 뜨니 차는 시골 한 가운데 도로에 서 있었다. 옆을 돌아보니 나무가 높이 뻗어 있었다. 차에서 내리니 풀의 향기로운 냄새와 계곡이 흐르는 소리가 들렸다. 본격적으로 텐트를 비롯한 다양한 캠핑 장비를 조립하고 맛있는 갈비를 뜯어 먹었다. 그리고 캠핑장 앞에 있는 계곡으로 걸어갔다. 뚜벅뚜벅 가는 길이 돌 때문에 험했다.

지금 이 계곡에 대한 설명을 잘 들어야 한다. 이 글 내내 나오게 될 것이다. 일직선으로 곧게 뻗어 있는 계곡의 길이 있다. 그것이 앞 계곡이고, 앞 계곡을 기준으로 왼쪽 계곡이 왼 계곡이고, 오른쪽에 있는 계곡은 오른 계곡이고, 이렇게 3개의 계곡이 있었다. 물이 천천히 흐르는 앞 계곡을 따라 천천히 걸어갔다. 신발 구멍 사이로 물이 흐르기 시작했다. 신발 안에 물이 가득 찰 때쯤, 나는 물의 차가움을 버티지 못하고 계곡에서 빠져나왔다.

그러고는 돌들을 하나하나 올라가니 지글지글 삼겹살 굽는 소리가 들렸다. 빨리 달려가 먹으니, 비계가 진짜 베개처럼 푹신하게 씹히고 아버지께서 빠삭하게 구워주셔서 고기가 빠삭했다. 그러고는 과자를 먹으며 그림을 그렸다. 그림을 다 그리고 고개를 치켜드니 별과 달이 보였다. 그렇게 이곳에서의 첫 캠핑은 이렇게 평범하게 막을 내린다. 다음 이야기가 궁금한가? 다음 이야기는 말라버린 나무들과 앞 계곡 너머에 있는 멋진 풍경을 찾아가는 내용이다.

제2장. 앞 계곡 너머

나는 그 캠핑장을 다시 찾았다. 돌계단을 내려가자 바람, 물, 풀 그리고 자연이 나를 반겨 주었다. 나는 앞 계곡에 발을 담궜다. 이끼, 모래 계곡물의 걸쭉함이 느껴졌다. 난 아무 생각 없이 앞 계곡을 걸어갔다. 지르르 파르르 동물의 소리에 집중했다. 그런데 내 멍 때림의 고요함을 깬 건 동물이 아니라 벌레였다. 이상하게 생긴 벌레가 나를 물었다. 노란색 눈에 이상한 소리를 내고 파리 같지만 크고 녹색의 몸을 지니고 있었다. 생전 처음 보는 벌레였다. 쫓아가려 했지만, 괜히 넘어질 것 같아 포기했다. 엄마의 올라오라는 말에 올라가니 엄마와 아빠는 이미 세팅을 끝내고 고기를 굽고 있었다. 갈비였다. 뼈를 잡고 맛나게 뜯어 먹었다. 양념이 달게 발라져 있었고, 쫄깃하고 바삭한 것이 식감도 좋아 정말 맛있었다.

그러고 나서는 또다시 앞 계곡으로 갔다. 난 그냥 앞 계곡을 정처 없이 걸었다. 어느새 앞 계곡 끝이었다. 녹초와 이끼로 가득한 앞 계곡의 끝은 끝이 시작임을 보여주듯 돌로 가득한 땅이었다. 도저히 혼

자는 못 갈 것 같아 친구 한 명을 모집해서 갔다. 그의 이름은 윤성. 성은 알려주지 않았다. 우린 함께 그 땅으로 갔다. 이끼와 녹초가 우리를 반겨주었고, 마음을 굳게 먹고 돌에 발을 디뎠다. 우리는 어느 정도 걸었다. 걸으면서 본 것은 거미, 넝쿨로 덮인 담이 있었는데 그 위로는 도로였다. 점점 들어가자 무성히 자란 풀이 있었다. 우린 그 풀들을 나뭇가지로 헤쳐가며 가 본 결과, 도로 다리 밑까지 왔는데 그곳엔 사람들이 캠프파이어를 한 흔적이 남아 있었다. 우린 이만하면 됐다고 생각하고 돌아왔다. 문득 그곳에서 사람들이 무엇을 했고, 어떻게 그곳으로 갔는지 궁금했다. 돌아와서 나는 부모님과 수다를 떨다가 잠이 들었다.

 다음 날 나는 일찍 일어나 돌계단에 걸터앉아 먼 곳을 바라보았다. 바람의 소리가 들리고 계곡이 나를 부르듯 물살이 세지는 소리를 냈다. 아이스크림도 사 먹었다. 옆에 있던 윤성이는 아이스크림을 먹고 신나서 스크류바를 열심히 돌리고 있었다. 난 얼어붙은 폴라포를 서걱서걱 먹었다. 또 계곡으로 갔다. 난 계곡의 돌에 누워 물살을 맞다가 문득 돌로 가득한 땅과 그곳에 어서 오라는 인사를 하듯 흔들거리던 이끼들이 생각났다. 난 당장 윤성이를 불러 앞 계곡으로 향했다. 마음이 급했는지 계속 넘어졌다. 철푸덕 철푸덕 나는 빨리 다리 너머로 가고 싶은 마음에 아픈 줄도 모르고 달려갔다.

 도착하자 빨라진 물살로 인해 떨어진 이끼들이 많았다. 우리는 또다시 많은 돌에 발을 디뎠다. 우린 또다시 걸어갔다. 우린 서로에 대한 이야기를 하다 문득 사는 곳을 물어봤는데 누군가와 사는 곳이 비슷했다. 그 누군가를 생각하며 풀을 헤쳐갈 나무 막대기를 찾으러 흩

어졌다. 그런데 도저히 보아도 쓸만한 나뭇가지는 보이지 않았다. 그건 윤성이도 마찬가지였나보다. 우린 나뭇가지를 찾지 못해 고민에 빠졌다. 고민을 해본 결과, 손으로 헤쳐 나가자는 결론을 내렸다. 손이야 풀에 베이면 밴드를 붙여 낫게 하면 되지 않나? 라는 조금 무식한 결론을 내리고는 손으로 풀을 헤쳐 나갔다.

　벌써 다리 밑까지 왔지만, 우리의 꼴은 말이 안 나왔다. 저번에는 나뭇가지가 있어서 도깨비 풀이 붙는 것이 어느 정도 덜했지만, 이번은 아니나 다를까 손으로 풀을 헤쳐 나갔지만, 도깨비 풀이 붙는 건 어쩔 수 없었다. 심지어 다리도 풀에 베여 심하게 간지러울 뿐만 아니라 슬리퍼에 물이 스며들어 걸음을 내디딜 때마다 물의 찝찝함에 시달려야 했다. 그래도 궁금증은 아무도 못 이기는 법. 그렇기에 우리는 계속 나아갔다. 또 풀이 많은 장소를 우린 맞닥뜨렸다. 그래도 우리는 "그 뒤에는 뭐가 있을까?"라는 궁금증 하나로 계속 나아갔다. 손 하나에 의지한 채 바스락 바스락 풀을 헤쳐 나갔다. 또다시 도깨비 풀이 많이 붙기 시작했다. 풀을 헤쳐가고 헤쳐간 끝에 보상이라도 받는 듯 엄청난 풍경이 우리 앞에 펼쳐졌다. 우린 엄청난 광경에 침묵할 수밖에 없었다. 바로 앞은 산, 햇빛을 받아 반짝거리는 물, 우린 그 물에 발을 살포시 담가 보았다. 물이 탁해 물속이 흐리게 보이는 앞 계곡과 달리 이 계곡물은 선명하게 잘 보였다. 거세게 물살이 치는 앞 계곡과는 다르게 이 계곡물은 잔잔하게 찰랑거렸다. 젊음의 샘물이 실제로 있다면 이런 느낌이지 않을까 싶었다.

그 고요함을 깨는 엄마의 전화. 휴대폰은 불길하게 울리고 있었다. 내가 전화를 받자, 걱정 1%, 잔소리 99%의 엄마의 잔소리가 전화 너머로 들려오자 슬슬 짜증이나 윤성이에게 빨리 가자는 손짓을 했다. 난 엄마의 잔소리를 듣기 싫어서인지 올 때의 난관을 대수롭지 않게 통과한 뒤, 앞 계곡을 넘어져 가며 빠르게 지나 엄마에게로 갔다. 잔소리 폭격탄을 맞고 내일이 월요일이기에 빠르게 텐트를 접고 집으로 갔다. 난 가기 직전에 돌로 뒤덮인 땅을 쳐다보았다. 다시 한번 가고 싶었지만, 미련을 접고 차에 올랐다. 멍때리다 그 돌로 뒤덮인 땅 위의 다리를 우리가 지나갈 때였다. 왔던 곳을 멀리서 바라보고 있자니 기분이 이상했다. 그러다 나는 이상한 것을 발견하고야 말았다. 왼쪽 계곡에 돌로 덮인 땅에 새들이 앉아 있었다! 놀라웠다. 다음에는 그곳을 가기로 결정했다. 아빠께서는 다음 캠핑에는 누군가와 함께 올 것이라고 말씀하셨다. 난 기대를 품으며 윤성이를 보고 떠올린 그 누군가와 오기를 바랐다.

제3장. 왼쪽 계곡의 시련

이번에는 조금 다르게 누군가와 함께 캠핑을 간다. 윤성이를 보며 떠올린 누군가가 내 예상대로 가족과 함께 캠핑을 온다고 했다. 나는 너무 기뻤다. 캠핑장에 우린 동시에 도착했다. 내가 그렇게 기대하던 사람은 바로 엄마 친구 아들 '엄친아 희수'이다. 희수와 내가 만나면 가장 먼저 하는 것은 물놀이다. 희수는 이곳에 처음 오기에 내가 하나하나 캠핑장에 대한 것을 설명해 주었다. 그때 희수가 물었다. "저기 돌로 뒤덮인 곳은 뭐야?" 하고 순수한 눈동자로 나에게 물었다.

나는 그곳에 대한 경험담을 들려주었다. 희수는 흥미롭게 듣더니 무서울 것 같지만 그곳으로 데려다 달라고 했다. 하지만 나는 "오늘은 더 무서운 곳을 갈 거야."라고 말했더니 희수는 겁에 질려있었다. 난 희수를 안정시키기 위해 어른들이 구워 주신 삼겹살을 먹으며 만화책을 읽게 했다. 물론 나도 그랬다. 그제야 표정이 돌아왔다. 그리고 우린 몇 시간 동안 만화를 읽었다. '최애의 아이'라고 방송 연예계를 다룬 작품인데 드라마 각본가, 연극, 리얼리티쇼, 스캔들 등의 방송 연예계를 깊게 다루어서 재밌었는데 등장인물이 다 연예인이라서 예쁘고 잘생긴 애들만 나온다. 드디어 안정을 되찾은 희수가 물총을 들고 강으로 가서 놀자며 나를 끌고 갔다.

　우리는 물총놀이를 계속했다. 나는 "괜찮으면 그 무서운 곳으로 가볼까?"라고 묻자, 희수는 그 자리에 안색이 별로 좋지 않은 채로 얼어 붙어있었다. 내가 위험하지 않게 해준다고 하자 그제야 간다고 응했다. 우린 이끼가 굉장히 많고 모래도 많아 여러모로 불편한 왼 계곡으로 천천히 직진했다. 희수가 가는 중간 중간에 모래를 뺀다고 고생했지만, 우여곡절은 없었다. 그래도 이끼의 특유의 미끌거림과 모래의 뾰족한 느낌의 불쾌함이 한계에 다다랐을 때 돌로 뒤덮인 땅이 내 바로 앞에 펼쳐졌다. 난 천천히 발을 내디뎠다. 우린 잠시의 휴식을 즐긴 뒤, 옆에 있는 다른 돌로 된 땅으로 가려고 했다. 숨쉬기가 힘들었지만, 저번처럼 궁금증을 이겨내지 못해 우린 옆, 돌로 된 땅으로 가기 위해 분주히 움직였다. 그런데 뭔가 불길했다. 그냥 느낌이 좀 그런가? 싶다가 기분 탓이라고 생각했는데…

긴 몸통에 번들거리는 비늘, 검은 무늬의 뱀이었다. 기분 탓이 아니었다. 뱀이 내 쪽으로 스멀스멀 천천히 올라오는 걸 보고 식겁해서 뱀이 있다고 크게 소리쳤다. 희수도 내 말에 깜짝 놀라 우린 미끄러질세라 빠르게 계곡물을 빠져나왔다. 너무 무서웠다. 계곡물에서 검은 안개가 스멀스멀 올라올 것 같았다. 우린 절대 그쪽으로 가지 않고 반대편 풀숲으로 가기로 했다. 풀숲은 길이 험했다. 그러다 거미가 나왔다. 난 아무렇지 않았지만, 희수는 자신이 세상에서 가장 무서워하는 벌레가 거미라며 호들갑을 떨었다. 그런데 나의 상황도 만만치 않다는 것을 보여주듯 쑥! 하고 풀 사이에 불쾌하게도 계곡물이 흐르고 있었다. 난 불길한 예감이 들어 바로 발을 뺐다. 불쾌함을 또 느끼고 싶지는 않아 조금 위로 올라갔다. 풀을 헤치며 걷다가 발끝의 느낌이 이상해서 밑을 보니 낭떠러지였다. 심지어 그 밑은 저수지였다. 여기서 한 걸음만 더 가면 저수지에 떨어져 떠내려갈 뻔했다. 우리는 좀 더 올라가서 위로 가니 캠핑장 끝으로 와 있었다. 우리 텐트에 도착하니 희수는 겁에 질린 채로 다시는 가지 말자고 했다. 나도 그렇게 장담했다. 그리고 우린 죽을 고비를 넘긴 표정으로 고기를 먹었다. 맛없는 고기를 골라왔는데 어째서 맛있는 거지? 우리는 그 이후로 수다를 떨었다. 우린 주로 만화 이야기를 했다. 그리고 어느새 밤이 찾아왔다. 우린 밤까지 만화책을 읽다 스르르 잠이 들었다. 내일 일어나서도 우린 만화책을 읽었다. 그리고 수다를 열심히 떨다 보니 벌써 헤어질 시간이 되어서 다음을 기약하며 헤어졌다.

다슬기, 다슬기, 다슬기

오늘은 강에서 뭐라도 잡으려고 장비들을 기세등등하게 가져왔다. 채집통, 여분 채집통으로 쓸 PT병, 그리고 항상 들고 다니는 손과 눈이 필요하다. 이렇게 준비물을 챙기고 나는 캠핑을 간다. 빨리… 빨리… 빨리… 캠핑 가는 길 내내 드는 생각이다. 도착했을 때는 기대로 가득 차 있었다. 난 바로 계곡물 쪽으로 갔다. 계곡물이 차가우면서 따뜻한 것이 무슨 느낌인지 알 수 없었다. 난 본격적으로 작업에 들어갔다. 다슬기를 잡는 방법은 굉장히 간단하다. 눈으로 다슬기가 있나? 없나? 를 확인하고 손을 강물로 집어넣어 다슬기를 잡고 빼내어 채집통에 넣는다. 참 쉽죠? 이렇게 잡기 쉬운 방법으로 잡다 보면 어느새 채집통 절반이 차 있다. 말처럼 이제 막 반을 채웠다. 그러던 중 내가 잡는 모습을 본 아이들이 나를 따라 다슬기를 잡았다. 난 아이들에게 나의 비법을 전수하자 인상을 지었다. 분명 쉬워서 인상 짓는 거겠지? 난 그들을 믿고 살짝 웃어주었다. 옆에 있던 아이는 나를 이상하게 쳐다보았다. 분명 너무 쉬운 방법을 하는 거라고 이상하게 쳐다보는 거겠지? 그리고 나는 다시 작업에 집중했다. 벌써 통을 다 채웠다. 욕심이 생겨 PT병에 채워 넣었다. 확실히 이 계곡은 다슬기가 잘 잡히는 것 같다. 저번 계곡은 개구리가 잘 잡혔는데 말이다. 그러던 중 나는 예쁜 돌이 계곡에 버려져 있는 것을 발견했다. 누가 여기 이렇게 예쁜 돌을 버려놨지? 라고 생각하며 돌을 주워들었는데 내 엄지손가락에 3배나 되는 논우렁이를 발견했다. 내 자신이 자랑스러웠다. 나도 이렇게 큰 건 처음 잡아봤다. 그리고 또다시 다슬기를 열심히 잡았다. 채집통은 비좁고 무거워졌다. 그래도 잡는 게 쏠쏠해서 계속 잡았다. 문제는 이 많은 것을 어떻게 할까인데… 고디국? 다슬기 무료 나눔해요! 한 명당 한 개씩! 무료 나눔!

개구리, 개구리, 개구리

희수와 오랜만에 만나 대화를 했다. 희수는 나를 반겨 주었다. 문득 나는 그때가 떠올랐다. 오늘은 희수와 처음 캠핑을 가는 날이다. 기대를 한 채로 캠핑장에 왔다. 희수네를 기다릴 때 계속 조마조마했다. 몇 시간 후 희수네가 도착했다. 우리는 모여서 항상 그렇듯 떡볶이를 먹으며 만화책을 읽었다. 한 장 한 장 종이를 넘길 때마다 한 떡, 두 떡 떡볶이를 먹었다. 그러다 저수지? 계곡 비슷한 것이 캠핑장 중앙으로 흐르고 있었다. 우린 자연스럽게 그곳으로 갔다. 강은 굉장히 지저분했다. 조금 불쾌했다. 그런데 개구리가 보였다. 어라? 개구리가 왜 여기에? 라는 생각이 들기도 전에 잠자리채를 가져와 잡고 채집통에 넣었다. 우린 흥미롭게 요거트를 먹으며 개구리를 쳐다보았다. 개구리는 황토색에 검은 무늬를 지니고 있었다. 우리는 계속 개구리가 보이기만 하면 잡아 채집통에 넣었다. 그리고 개구리를 더 넓은 채집통으로 옮기자, 개구리 중에 한 마리가 허물을 벗었다. 나는 허물을 조용히 치웠다. 우린 개구리를 잡고 또 잡았다. 그 모습을 본 아이들이 자신도 잡겠다며 잠자리채를 가져와 잡기 시작했다. 그렇다. 개구리 원정대가 꾸려진 것이다. 우리의 결과물은 대단했다. 10마리가 넘는 개구리를 잡은 것이다. 우린 너무 뿌듯했다. 그리고 개구리 원정대는 이만하면 됐다며 해체되었다. 그리고 희수와 나는 이제 매점으로 가서 사탕과 과자를 사서 개구리를 보며 휴식을 취했다. 그러자 어느새 해가 저물고 있었다. 그러자 우린 슬슬 다들 의자에서 엉덩이를 뗐다. 개구리들도 풀어주며 희수와 나는 헤어졌다. 우리는 다음을 기약했다. 다음도 재밌게…

제4장. 뭔가 잘못됐다

　희수 가족과 우리 가족이 모였다. 우린 놀고먹다 잠이 들었고, 그렇게 아무것도 없이 하루가 지나갔다. 그리고 우린 또다시 오랜만에 앞 계곡에 발을 들였다. 앞 계곡은 이제는 넘어지지도 않고 누워서 떡 먹기로 쉽게 갈 수 있다. 돌이 가득한 곳으로 또 왔다. 풀이 더 많이 자라 있어 돌섬을 가로질러 못 갈 것 같고 고속도로 다리 앞에 새로운 계곡 길이 뚫려있어 그쪽으로 가보기로 했다. 난 갔던 길이라 당당하게 걸어갔다. 그런데 희수가 울상을 지었다. 왜냐하면 우리가 몇 달 동안 안 왔던 사이에 물이 불어 조금 더 깊어지고 이끼가 많이 자라 미끄러웠기 때문이다. 그래서 가기가 조금 힘들어졌다. 그래도 나는 희수를 달래며 앞으로 천천히 나아갔다. 물은 조금씩 깊어지더니 허리까지 차올랐다. 희수는 공포에 휩싸여 울기 시작했다. 이 울음은 우리가 무사히 도착할 때까지 계속되었다. 그 울음이 점점 위험하다는 유일한 증거였지만, 우린 눈치채지 못하자 또 다른 것이 점점 위험하다는 것을 알렸다.

　그것은 바로 물의 깊이. 물의 깊이가 점점 깊어지자, 우리 가슴까지 차올라 바다 한가운데 있는 공포감이 들었지만, 다시 정신을 바로 잡고 앞으로 나아갔다. 물의 깊이가 점점 얕아지자, 희수의 울음도 잦아졌다. 물의 깊이는 허리까지 낮아졌다. '시련 끝에는 항상 보상이 뒤따른다.'라는 말은 지금 상황과는 맞지 않았다. 계곡의 바닥은 분명 이끼와 돌무더기뿐인데 그곳에 맞지 않게 모래가 바닥에 퍼져 있었다. 그곳에 뜬금없이 모래가 있어 의문을 가지다가 그 의문이 공포로 뒤바뀌었다. 그 모래에는 꼬리가 살랑살랑 움직이고 있었고, 눈이 깜

빡거리고 있었다. 난 그곳을 피해 지나왔고 뒤에서 겨우 따라오는 희수에게 모래 안에 무엇인가를 설명하며 피하라고 하자 희수는 울상을 지으며 모래를 피해 왔다. 그리고 드디어 육지에 도착했다. 그런데 문제는 우리가 되돌아가야 할 길을 몰랐던 것이다. 풀숲으로 가로질러 위에 있는 고속도로로 올라가서 걸어 캠핑장으로 올라간다는 목적도 있었지만, 풀숲 사이에 흐르는 물에서 방울뱀 소리가 들려 포기. 강을 다시? 포기. 결국 우리가 고안한 방법은 앞으로 가는 것이었다. 앞으로 겨우 가며 앞에 흐르는 저수지를 발견하고 저수지 위로 올라갔다.

나는 어떻게 할까 두리번거리며 길을 찾으려 해도 길은 어디에도 보이지 않자, 희수는 엉엉 울고야 말았다. 난 드디어 희수의 울음이 우리의 상황이 위험하다는 증거임을 알아챘다. 그것을 알고 난 후 나는 소리를 질러 도움을 요청하려던 그때! 희수를 애타게 부르는 소리가 들렸다. 희수의 아버지가 우리를 구하러 와주신 것이다. 우린 저수지 위를 타고 옆쪽으로 직진했다. 그러자 희수 아버지가 길을 찾아주셔서 우리는 무사히 올라왔다. 난 문득 알게 됐다. 난 이 위험한 상황에 스릴을 즐기고 있다는 것을.

글을 마치며

만화 좋아하세요? 어릴 때부터 만화를 좋아해서 엄청난 모험을 해보고 싶었는데 그게 될 리가 없죠. 그래서 저는 한 번씩 캠핑장에 갔을 때 사람의 발길이 거의 닿지 않는 새로운 곳을 갔었어요. 조작이 아닙니다. 조작이 아니니 이렇게 자세히 쓸 수 있겠죠. 저도 했으니 여러분도 할 수 있습니다. 그냥 롤러코스터 한 번 탄다고 생각하고 새로운 곳을 느껴보세요. 모든 것이 새롭게 느껴질 거예요.

자연에게 마음을 담은 편지

안녕, 자연아?

나는 얼마 전에 두꺼비를 자연에서 보고 왔어.

요즘 두꺼비가 흔치 않다는 것도 알게 됐지.

난 사람들이 당연하다고 생각하는 것부터

바꿔야 한다고 생각해.

사람들은 "나무를 잘라서 큰돈을 벌 거야."

이런 것을 당연하게 생각해. 우리가 일상생활에서

"에너지를 마구 써도 상관없겠지?" 이렇게 당연하게

생각하는 것부터 바꿔야 한다고 생각해.

그것은 당연한 것이 아니고 자연의 균형이 깨지는

시작점이라고 생각해.

2021년의 자연   서아현

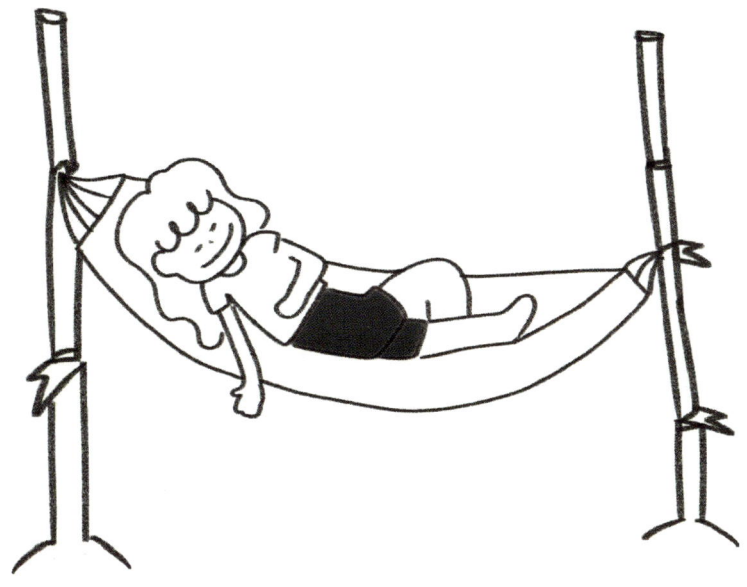

책 읽는 건 많이 좋아하는 편은 아니지만 이번 동아리를 계기로 책을 쓰게 되었습니다! 책을 쓰면서 좋은 경험을 남길 수 있을 것 같아 좋습니다. 또 제가 글쓰기를 한다고 하니 막상 떨리긴 하지만 독자 여러분들이 읽어주신다고 생각하니 떨려도 잘할 수 있을 것 같습니다. 또 원래 에세이라는 문학 갈래를 몰랐는데 이번 책쓰기 주제가 자연 힐링 에세이라서 알게 되었습니다. 그리고 자연 힐링이라는 단어는 뭔가 안정이 되는 단어라 책을 쓰면서도 안정이 될 것 같아 좋습니다. 그리고 책 쓰기를 처음 하는 거라 뭔가 어색하고 또 책과 안 친해서 부족한 점도 있을 수 있습니다! 그러니 제가 쓴 글 잘 읽어주세요. 감사합니다!

2021년의 자연

2021년 동안 자연으로부터 힐링한 나의 경험들을 적어보려 한다.

2021.08.07. 토요일의 죽녹원

죽녹원으로 갔다. 죽녹원은 대나무들이 있는 곳이다. 죽녹원에 들어가니 정말 시원했다. 카페가 있어 딸기스무디를 마셨다. 머리가 시원해지는 느낌이 들었다. 가다가 대나무 해먹을 발견했다. 나는 해먹에 누웠고 엄마가 해먹을 밀어줬다. 바람이 살랑살랑 불어왔다. 판다 모형으로 된 것도 보았다. 정말 귀여웠다. 그리고 점심시간에 멸치국수와 비빔국수를 먹었다. 맥반석 계란도 같이 먹으니 맛있었다. 다음은 숲길이 있었는데 덥기 때문에 사진만 찍고 갔다. 대나무는 정말 멋진 식물이다.

2021.08.08. 일요일

갯벌 체험을 하러 갔다. 처음 갔을 때 게를 잡는다고 해서 기분이 좋았다. 게를 처음 잡았을 때 뿌듯했다. 물론 가족들이 옆에서 도와주긴 했지만. 이름은 흰발농게라는 작고 귀여운 게다. 게가 작아서 정말 귀엽다. 하지만 잡은 것을 들고 가지 못하기에 다시 풀어주었다. 너무 아쉬웠다. 그 뒤로도 나는 계속 노력을 기울였지만, 많이 잡지 못했다. 반면 엄마와 아빠는 게를 정말 많이 쉽고 빠르게 잡았다. 가족들이 어떻게 잡는지 많이 알려주었지만 놓쳐 버렸다. 갯벌에서 흰발농게 말고 다른 많은 생물도 보았다. 아쉬움을 뒤로한 채 다음으론 갯벌에 대한 내용이 있는 박물관에 들어갔다. 박물관 안에서 갯벌에 대한 영상도 보고 체험도 해보았다. 정말 재미있었다. 그리고 가족들과 함께 오랫동안 기다려서 케이블카도 타보았다. 케이블카 밖의 모습도 많이 찍고 안에서도 가족들과 함께 사진을 많이 찍었다. 케이블카는 내렸다가 쉬고 다시 탈 수 있어서 내려서 화장실도 다녀오고 음료수도 마시고 사진도 찍으면서 쉬다가 다시 탔다. 케이블카 안에서 가족들과 기념사진도 남겼다.

2021.10.08. 토요일의 해바라기

　해바라기가 풍성한 밭에 갔다. 옛날에 어떤 해바라기는 성인 키를 훌쩍 넘는다더니 정말이었다. 사방이 해바라기여서 미로 같은 길을 헤매야 한다. 해바라기가 앞길을 막고 있어서 길은 더 좁다. 그리고 포토존으로 가면 사람들이 와글와글거린다. 그래서 포토존 줄 서는 것도 오래 기다려야 한다. 그리고 솜사탕을 파는 곳이 있길래 샀다. 가격은 비쌌지만 맛있었으니 괜찮다. 해바라기 앞에서 사진도 많이 찍고 날씨도 좋아서 기분이 좋았다. 자연에서 나는 향기까지 좋았다. 해바라기는 정말 예쁜 꽃인 것 같다.

2021.10.9. 토요일의 핑크뮬리

　오랜 시간 아빠 차를 타고 핑크뮬리를 볼 수 있는 곳으로 갔다. 주차를 하고 핑크뮬리를 보러 갔다. 처음 보는 광경에 놀랐지만, 너무 예뻤다. 사진도 찍었다. 하지만 더 예쁜 색이 나오는 시기가 있는데 그 시기에 가지 못해서 아쉽다. 사람들이 핑크뮬리 안에서 사진을 찍으려고 꽃을 다 밟고 길을 만들어서 포토존을 만들었다. 꽃들을 밟아서 길을 만드는 건 나쁘다. 울타리도 있었지만, 욕심 때문에 꽃을 밟고 간 사람들이 정말 싫다. 풍경은 아름다웠지만 중간중간 밟힌 꽃들이 있어 마음이 아팠다. 산책로를 따라가 보니 다른 꽃들도 있었다. 하지만 그곳엔 벌이 많았다. 그래서 물리지 않게 조심해서 갔다. 사진을 더 남기고 다시 차를 타고 다른 곳으로 갔다. 새로운 꽃을 봐서 좋았지만, 자연이 안 망가졌으면 좋겠다고 생각한다.

2021.10.23. 토요일의 모노레일

구미로 갔다. 구미에 도착해서 구미 에코랜드를 가보았다. 텐트를 치고 놀이터에서도 놀았다. 밥도 먹고 음악도 들었다. 4시에 텐트를 접고 예약한 모노레일을 타러 갔다. 모노레일을 타기까지 몇 분 정도 남아서 기다렸다. 모노레일을 탈 때 담요를 걸치고 갔다. 모노레일을 타면서 숲을 지나갔다. 새들이 사는 곳이 있고 허수아비도 보았다. 허수아비가 의자에 앉아있어서 뭔가 오싹했다. 그래도 가면서 전망대가 있어서 경치가 잘 나오게 사진을 찍고 가족들도 다 같이 사진을 찍었다. 배고파서 들고 온 과자도 먹고 집에 안전하게 도착했다. 다음에도 또 가고 싶다.

2021.11.21. 월요일

아빠의 차를 타고 두류공원에 갔다. 가족과 함께 두류공원 한 바퀴를 걸으러 갔다. 가족과 재잘재잘 얘기하면서 걸었다. 솔직하게 반도 안 되었을 때 힘이 다 빠져서 힘들었다. 내 체력은 바닥이 났다. 그래서 목이 말라 물을 벌컥벌컥 마셨다. 그리고 망고주스도 야무지게 마셨다. 달콤하니 맛있었다. 그리고 또 가족과 얘기를 하며 걷고 쉬었다. 다 쉬고 다시 걸으니 한 바퀴를 다 돌았다. 사진도 찍었다. 그리고 근처에 맛있다는 빵집이 있어서 그곳에서 엄마 지인에게 받은 쿠폰을 써서 케이크를 사고 집으로 돌아왔다. 항상 똑같은 빵집에서의 케이크만 먹다가 새로운 케이크를 먹으니 새롭고 맛있었다. 격렬한 운동 후의 달콤한 케이크는 정말 최고다. 운동은 싫지만 케이크는 좋다. 생일 케이크는 아니었지만 정말 맛있었다! 다시 또 먹고 싶다.

2021.11.14. 일요일의 가족 나들이

가족과 다 같이 월광수변공원에 갔다. 차를 타고 월광수변공원에서 하는 버스킹을 보러 갔는데 다행히 늦지 않게 도착하여 의자에 앉아서 편하게 들을 수 있었다. 피아노와 드럼 소리가 기억이 난다. 뜨거운 햇빛 때문에 눈이 부셔서 손으로 가리면서 음악을 들었다. 여성이 노래를 하셨는데 노래를 너무 잘하셨다. 어린 친구들을 위한 노래도 해주셨다. 내가 모르는 노래도 많았지만 노래를 너무 잘 부르셔서 듣는 재미가 있었다. 버스킹이 끝나고 토마토 씨앗을 받았다. 토마토를 키울 생각에 신이 났다. 그리고 월광수변공원 중앙 쪽에서 돗자리를 펴고 가져온 과일을 먹고 가족들과 얘기도 하며 음악을 들었다. 나는 철봉에 매달리며 혼자서도 재밌게 놀았다. 그리고 엄마와 오빠는 산책로 한 바퀴를 돌고 왔다. 그러다 보니 집에 갈 때가 되어 아빠 차를 타고 집으로 가는 길에 창문으로 바깥 구경도 했다. 정말 재미있었다!

자연에게 마음을 담은 편지

요즘 사람들이 자연을 망가뜨리고 지키지 않고 있어.

너도 많이 힘들지? 정말 미안해.

매연 때문에 공기도 오염돼서

자연이 제대로 숨을 못 쉬고 있어.

깨끗한 물도 충분하지 않아.

자연에 동물이 살아가고 있지만,

자연을 파괴하면 동물도 없어지니까 불안하기는 해.

자연아, 힘들지 너무 미안해. 자연이 없어지면 자연을 먹는 동물들도 사라지고, 결국은 우리가 그 동물을 먹는 것인데 네가 없어지면 우리도 사라질 수 있어.

그러니 자연아, 미안하지만 정말 고마워!

커피 흙 화분 만들기   김소윤

   편하게 읽어주시기를 바라요. 여러분들은 마라탕 좋아하시나요? 저는 사랑합니다. 그리고 과학을 싫어해요. 하지만 시험은 잘 치는 이런… 확률 어떻게 생각하시나요? 저는 0%라고 생각해요. 그래도 하루하루 재미있으니 참아야죠! 그리고 여러분들도 저처럼 싫고, 짜증 나고, 슬퍼도 내일 위해, 아니 내일의 나를 위해 참아봐요!

   그리고 이 글은 저의 소중한 추억을 적은 것이니 재밌게 봐주세요. 그리고 저는 도원글방이라는 책쓰기 동아리 들어오게 되어서 책을 쓰게 되었어요. 제가 도원글방에 못 들어왔다면 여러분을 만날 수 있었을까요? 그래서 정말 의미 있는 일이라고 생각해요. 저는 이번에 의미 있는 동아리에 들고 싶었는데, 더욱 큰 의미가 있는 동아리 같아서 여러분도 '도원글방'처럼 책 쓰는 동아리가 있다면 한번 해보는 것도 추천해요!

   그럼, 이제 글을 읽으러 가요!

커피 흙 화분 만들기

　오늘 동아리에서 커피 흙 화분을 만들고 해바라기 씨앗을 심어서 키우게 되었다. 만드는 과정은 너무 어려웠다. 양 조절을 잘해야 했다. 처음에는 사서 선생님이 하신 걸 보니 쉬워 보였다. 하하? 그렇게 생각하면 안 됐다… 쉽다고 생각한 뒤에는 고비가 있었으니… 일단 설레는 마음을 진정시키고 사서 선생님의 말에 귀를 기울였다.

　그리고 나서는 신나는 마음으로 커피 흙 화분을 보니 더 신났다. 커피의 특유의 향이 내 코를 찔렀다. 은은한 향이 너무 좋았다. 난 집에서도 커피 흙 화분은 아니지만 커피 나무를 몇 년 넘게 키우고 있다. 그 커피 나무가 많이 생각이 났다. 그리고 제일 힘들다는 커피 흙의 모양을 잡았다. 너무 힘들었다. 그렇게 힘들지 않은 것 같다가도 조금 힘들었다. 그래도 조금씩 빛이 보이는 것 같기도 했다. 그렇게

'잘하고 있나?'라는 생각이 들 때 물의 양이 중요하다는 것을 알게 되었고 물의 양을 집중해서 잘 넣었다. 살짝 힘들어지는 것이 느껴졌다. 하지만 장인 정신으로 힘을 냈다. 그래도 모양이 잘 잡혀가니까 긴장이 덜 되었다. 그때 즈음 완성해 가는 친구들을 보니 조금 부러웠다. 사서 선생님께서 잘 도와주셔서 만드는 중간에 점검도 하고 보충도 하며 모양을 고쳐나갔다.

그리고 컵의 틀을 뗐다. 약간 샤그라들었던 긴장감이 그때 다시 몰려왔다. 과감하게 눈을 뜨니 이제 반이나 왔다. 그때 '와, 예쁘다' 이런 감정이 감돌았다!
이것이 바로 성공의 기쁨?

커피 흙 화분 만들기의 장점

완성 단계에 가까워지자 더더욱 설레기 시작했다. 성공에 가까워진 나와 화분을 보며 벌써 뿌듯함이 몰려왔다. 다른 재료들도 둘러보고 빨리 이름표 깃발을 꽂고 싶었다. '괜찮네.'라는 친구의 칭찬이 다시 힘이 생기게 해주는 계기였다. 그리고 흙을 살짝 넣고 씨앗을 넣을 부분을 팠다. 그러다가 흙의 촉감이 좋아서 계속 눌러보고 있었다. 나와 친한 친구들도 나와 비슷했고 사서 선생님이 다시 잠시 설명을 해주셨다. 그런데 경청한 다음 문득 이런 생각이 들었다. 생각보다 기대 이상으로 재밌고 촉감놀이도 되고 심심할 때 해도 될 것 같았다. 이 글을 보는 여러분들도 한 번쯤 해보는 것을 추천한다. 커피의 특유의 향도 좋고 그 향을 맡으면 마음의 안정도 되는 것 같다.

어쩌다 보니 말하게 되었지만, 생각보다 너무 좋았다. 그리고 가족, 친구, 혼자 다 상관없지만 난 사람들과 같이 하는 것이 더 재밌는 것 같다. 나도 그렇게 친구들과 대화하며 하니까 더욱 재밌었다. 친구들도 그렇게 느끼는 것 같았다. 그렇게 한참이 지나고 나서 다시 정신 차리고 해야 한다는 생각이 들어서 다시 했다. 이제 씨앗을 심으려고 하는데 해바라기 씨앗 모양이 신기했다. 회색 바탕에 까만색으로 줄무늬였는데 아주 예뻤다. 해바라기를 한번 키워보고 싶었는데 키워보게 되어서 기분이 좋았다.

씨앗

주로 해바라기 씨앗은 내가 햄스터를 키울 때만 봤는데 이렇게 자세히 보니까 신기했다. 그리고 크기도 내가 생각한 크기보다 컸다. 그래서인지 눈길이 계속 갔다. 글을 쓰다 보니 독자 여러분은 어떤 생물, 식물을 키우는지 궁금해진다. 그리고 독자 여러분은 어떤 생물, 식물을 좋아하는지도 궁금하다. 사실 나는 크게 식물에게 관심은 없었다. 나의 가족 중 한 명이 식물 관련된 일로 뉴스에 나온 적이 있는데 그래도 나는 크게 관심이 가지는 않았다. 그런데 이렇게 직접 만들고 키우는 과정에서 정이 들고 책임감이 느껴져서 한 번 더 생각하게 되었고, 뜻깊은 일이라고 생각한다. 식물은 스스로 양분을 만드는 생산자라고 배웠는데 그런 신기한 존재라는 것을 알게 되었다. 그만큼 우리의 생태계에 중요한 것이라는 걸 알게 되자 더욱 좋은 일을 하는 것 같았다.

『독자 여러분은 어떻게 생각하세요? 저는 씨앗에게 잘 클 것이라는 기대를 하게 되었고, 잘 컸으면 좋겠다고 생각했어요. 그렇게 저는 잘 심었답니다!』

이름

　이제 우리 해바라기의 제일 중요한 이름을 정할 차례이다. 또 한참을 친구와 대화하며 고민했다. 친구의 해바라기는 어떤 이름이 어울릴지 고민하다가 친구는 정하고 나는 정하지 못했다.

　『독자 여러분은 이름이 어떤 존재라고 생각하세요? 저는 이름이 인생의 길이라고 생각해서 중요한 것이라고 생각해요. 그래서 저는 이름의 주인과 잘 어울리는 것도 중요하다고 생각해요. 그래서 흔하지만 우리 해바라기와 잘 어울리는 바라기로 이름을 지었고 깃발을 꽂았어요. 이제 저의 할 일은 우리 바라기를 잘 관리하는 것이에요.』

자연

이번 내용의 주제는 자연이다. 자연은 사람들이 필요로 하는 것을 주기만 하다가 자신을 챙기지 못한 것 같다는 생각이 들었는데, 한편으로는 자연이 힘들다고 우리에게 여러 부분에서 표현을 했던 것 같다. 하지만 우리는 그런 자연의 표현을 알아차리지 못해서 자연이 없어질 수도 있는 위기에 처한 것 같다는 생각이 든다. 우리가 살아가려면 깨끗한 공기가 제일 중요하고 또 그것이 있기에 사람과 생물들이 살 수 있고 그 깨끗한 공기를 만드는 주체가 나무(자연)이기 때문이다.

『이처럼 자연이 엄청 중요하다고 느껴지죠? 그런데 제가 말하는 것보다 훨씬 더 중요하고 자연의 자리가 크답니다. 그러니 여러분! 지금부터라도 우리 모두 자연을 아끼는 마음을 갖도록 합시다. 그래야 우리의 미래에 큰 영향 없이 깨끗한 공기를 마시고 걱정 없이 살 수 있겠죠? 그렇게 된다면 우리의 미래 세대들도 잘 자랄 수 있을 거예요! 여러분들도 자연을 지킬 수 있는 방법을 하나씩 찾아서 실천하는 것이 어떨까요? 한번 관심을 가지고 찾아보세요! 그 방법을 매일매일 실천하면 매일이 의미 있고 뿌듯할 것이랍니다.』

책

　매일 여가 시간에 책을 읽고 즐거운 생각을 하며 하루를 의미 있게 보내고, 생각하고 자신만의 감상을 느끼는 독서 과정에서 어느 순간 자신이 많이 달라졌다고 느낄 수 있다. 책 읽기가 귀찮고 다른 것을 하고 싶을 때에도 '한 권, 아니 한 장이라도 읽자'라는 다짐이 중요하다. 나도 책 읽기가 힘들 때는 그런 생각을 한다.

　『독자 여러분이 지금 이만큼 읽었다는 것이 대단한 일인 걸요! 여러분들이 관심이 없어도 '읽어야 된다, 읽자.'라는 생각으로 책을 펼쳤을 것이라고 생각해요! 지금의 내용까지 읽고 계신 여러분이 너무나 대견스럽고 뿌듯하네요. 힘들다고 너무 빨리 포기하지 말아요..』

인사

　『시작이 있으면 끝은 있어요! 무조건이요. 그럼 이제 진짜 인사할게요. 그럼 안녕! 정말 마지막인데요, 이제부터 들을 많은 이야기들이 정말 궁금하네요. 그리고 여러분들의 이야기가 궁금하네요. 여러분과 이야기할 수 있는 기회가 있으면 좋겠어요. 여러분도 만나보고 싶은 사람이 있는지 한번 생각해보세요! 그럼 안녕~!』

자연에게 마음을 담은 편지

예전엔 괜찮았는데 지금은 많이 훼손되었지?

내가 사과할게! 그래도 우릴 위해 힘 써주고 있어주서

너무 고마워. 난 네가 우리 지구를

깨끗하게 만들어주서 너무 고맙다고 생각해.

그리고 자연이 우리를 만들었다고 생각해.

너도 힘들겠지만 나도 너를 위해 노력할게.

이렇게라도 너의 힘이 회복되었으면 좋겠어~!!

우리 서로를 위해 노력하자. 나도 노력할게. 괜찮지?

우리 계속 같이 지내자!

나의 식물 일지   손지안

나는 예전부터 책 읽기를 엄청 좋아해서 도서관에 자주 오는데, 올해 책쓰기 동아리를 하게 되었어. 이때까지 다른 작가들이 쓴 책을 읽다가 이제 내가 작가가 되어 책을 쓰게 되었어. 내가 쓴 글이 책이 된다니 너무 기분이 좋아. 이번에 자연 힐링 에세이를 쓰면서 친구들과 추억을 쌓고 재미있는 책을 써볼거야. 내가 글쓰기를 한다니까 떨리고 무엇을 써야 할지 생각이 잘 나지 않지만, 독자 여러분이 재미있게 읽어준다면 나에게 힘이 될 것 같아. 책 쓰기는 처음이라 조금 어색할 수 있어. 그러나 최선을 다해서 쓴 글이니 재미있게 읽어줘. 지금부터 손지안의 자연 힐링 에세이 시작할게.

나의 식물 일지

식물 키우기! 일지 1일차

안녕, 난 방울토마토, 바질, 선인장(비목단), 다육이를 키우고 있어. 오늘은 내가 키우는 식물들을 관찰해보았어.

첫 번째 관찰 대상은 방울토마토야. 이름은 동글이야. 이름을 동글이로 지은 이유는 동글동글한 방울토마토가 열리라고 동글이라 지었어. 키는 30cm이고 키우게 된 이유는 실과시간에 '식물 키우기'를 해서 키우게 되었어.

두 번째 관찰 대상은 바질이야. 이름은 짓지 않았어. 키우게 된 이유는 4월에 다이소에 갔는데 딸기 키우기 세트가 있어서 샀어. 그리고 물을 주었는데 5일 정도 기다려도 싹이 나지 않아서 그냥 내가 가지고 있던 바질 씨앗을 심었지. 그래서 키우게 된 거야.

　세 번째 관찰 대상은 선인장(비목단)이야. 이름은 노랑이야. 이름을 노랑이로 지은 이유는 노랑이는 마트에서 사 왔는데 그 마트가 노란색이라서 노랑이라고 지었어. 키우게 된 이유는 엄마가 마트를 갔는데 너무 귀여워서 사게 되었어.

네 번째 관찰 대상은 다육이야. 이름은 짓지 않았어. 키우게 된 이유는 위에서 소개했던 노랑이를 데려온 마트에서 노랑이를 데려온 날에 다시 마트에 갔다가 사게 되었어.

다섯 번째 관찰 대상은 딸기야. 이름은 짓지 않았어. 키는 너무 작아서 잴 수 없고 키우게 된 이유는 앞에서 말했듯이 딸기 키우기 세트를 샀는데 싹이 트지 않아 바질을 심었는데 며칠 후에 싹이 텄어. 싹이 안 나오는 게 아니라 늦게 나오는 거였어. 그때 나는 당황했지만, 그냥 키우게 되었어.

-식물 관찰 일지 1일차 끝-

수경재배 도전! 일지 2일차

오늘은 수경재배 도! 전!
유튜브를 보다가 '수경재배'라는 방식으로 식물을 키운다고 해서 도전해보았어.

나는 바질 씨앗 2개, 대추 방울토마토 씨앗 2개, 토마토 씨앗 2개를 종이컵 밑쪽 3cm만 남겨놓고 잘라서 그 위에 물에 적신 화장솜을 깔고 그 위 씨앗들을 올려놓고 분무기로 '칙칙칙' 세 번씩 뿌려주었어.
'이제 뭘 하지?' 생각하다가 바질, 토마토, 선인장, 다육이에게 물을 주어야 한다는 것이 생각나서 다시 분무기를 가져와 다육이한테는 총 6번, 바질이한테는 13번, 토마토한테는 17번 주었어. 선인장에는 물을 부어 줘야 해서 분무기 뚜껑을 열어 물을 주었어.

그런데 실수로 물을 너무 많이 주어버렸고 나는 당황해서 그대로 1초 동안 얼음이 되어있었어. 왜냐하면 선인장은 물을 조금만 많이 주면 죽을 수도 있기 때문이야. 저번에는 장마 때 물을 적당히 줬는데도 곰팡이 씨가 났었어. 어떻게든 살려보려고 노력했더니 다행히 살았어.

그때 노랑이가 죽을까 봐 얼마나 조마조마했는지 몰라. 그런데 오늘도 하루 종일 비가 오고 있고 실수로 물을 많이 줘서 너무 걱정이 돼. 이제 어떡하지 하다가 화분 받침대에 있는 물을 버리려고 했는데 받침대가 종이 재질이라 벌써 흡수를 다 해 버렸어. 이제는 햇빛이 잘 들어오는 곳에 놔둘 수밖에 없어.

도토리 발견! 일지 3일차

오늘은 친구와 놀이터에서 놀다가 도토리를 발견했어. 그래서 나는 깨끗하고 동글동글 귀여운 도토리를 골라왔지. 그리고 도토리를 물에 헹구고 휴지로 싹싹 깨끗하게 닦아주었어. 그래서 오늘은 도토리 관찰을 해보려고 해! 나는 오늘 도토리를 4개 주워 왔어. 이 도토리들을 하나씩 관찰하고 비교해보려고 해.

　1번 도토리: 키 1.8cm, 무게 3g, 색: 윗부분 진한 갈색, 아랫부분 연한 갈색
　2번 도토리: 키 1.8cm, 무게 3g, 색: 윗부분 연한 갈색, 아랫부분 황토색
　3번 도토리: 키 1.8cm, 무게 3g, 색: 윗부분 황토색, 아랫부분 황토색

4번 도토리: 키 1.8cm, 무게 3g, 색: 윗부분 진황갈색, 아랫부분 황토색이므로 키는 1.8cm로 같고 무게도 3g 정도로 같고 색은 진한 갈색, 연한 갈색, 황토색을 띠었어.

내가 도토리를 처음 보았을 때 공처럼 동글동글하고 작아서 너무 귀여웠어. 다람쥐들이 도토리를 좋아하는 이유가 공처럼 동글동글하고 귀여워서인가? 라는 생각도 했지. 그렇다면 '사람들은 도토리를 어디에 사용할까?'라는 생각이 들었어. 사람들은 도토리로 도토리묵을 만들고 마당을 장식하기도 해. '그럼 도토리를 다른 곳에 사용할 수 있을까?'라는 생각을 하다 갑자기 떠올랐어. 연필 뒤에 도토리를 붙여 장식을 만드는 것! 다음에 해봐야겠다!

방울 토마토 꽃! 일지 4일차

오늘 방울토마토에 꽃이 폈어. 오늘 아침에 심심해서 베란다에 나갔어. 그리고 토마토 화분에 물을 줘야 해서 봤는데 물이 없어서 물을 주다가 노랗고 예쁘게 핀 꽃을 발견했어. 신기해서 살펴보고 있었는데 옆에 꽃이 하나 더 있었어. 그래서 꽃이 핀 주변도 살펴보니 꽃봉오리도 1개 보였어. 다른 토마토도 살펴봤지만, 다른 방울토마토에는 꽃봉오리가 보이지 않아서 아쉬웠지만 그래도 꽃이 피어서 좋았어.

--4일 후--

책쓰기 동아리의 '식물일지'에 쓰려고 관찰하러 나갔는데… 꽃이 축 늘어져 있고 연노란색으로 변해있었지 뭐야! 생각을 해보니 토마토가 열리기 전에 꽃이 피는데 그 꽃이 시들고 꽃이 피는 것 같았어. 그래서 안심하고 더 관찰하고 있었는데 토마토 꽃봉오리가 4일 전보다 9개나 더 보였어. 나중에 맛있는 토마토가 열리면 좋겠다는 생각이 들었어. 엄마와 같이 나누어 먹으면 좋겠다!

자연 파괴?

오늘은 자연은 무엇인지, 어떻게 자연이 파괴되었는지, 또 자연 파괴를 막을 방법은 무엇인지 알아보자!

일단 자연은 물, 불, 공기, 동물, 식물, 돌 등 사람의 힘이 더해지지 않고 저절로 생겨난 존재야. 그렇다면 자연은 어떻게 파괴되었을까?

자연은 여러 가지 방법으로 파괴되었어.

첫째, 나무 베기

나무는 여러 가지 물건에 사용돼. 의자, 책상, 수납장, 연필, 종이 등이 있다. 그렇다면 이 물건들을 많이 얻으려면 나무를 많이 베어야 하는데 사람들이 나무를 베기만 하고 심지 않으면 나무는 점점 사라지겠지. 그리고 나무는 우리에게 꼭 필요한 존재인데 계속 베고 베고 또 베고… 계속 베면 나무가 사라질 수 있어. 그럼 우리는 우리에게 필요한 존재를 없애버리는 것이지.

둘째, 오수 방출

오수를 방출하면 오수가 강으로 흘러 결국 바다로 가게 되는데 그러면 강물, 바닷물이 오수로 인해 오염이 되기 때문에 오수 방출을 하면 안 돼.

셋째, 가스 배출

가스는 우리가 차를 탈 때, 냉난방기 사용, 공장을 돌릴 때 등등 우리가 생활할 때 자주 사용하는 것들에서 배출이 돼. 그런데 이런 가스들은 온실가스다. 온실가스는 잔류 수명이 길어 온실효과가 있는데 이런 온실가스가 많이 배출되면 지구온난화가 생겨. 지구온난화 문제점은 기후변화로 인해 자연재해가 발생할 확률이 높아지고, 얼음이 녹아 해수면이 상승되어 해안지역이 침수될 수 있어.

그렇다면 자연을 지키는 방법에는 무엇이 있을까?

첫째, 나무 심기

나무는 여러 가지 물건을 만드는 데 필요해서 베지 않을 수 없어. 그러니 나무를 심어 나무가 없어지지 않게 하는 것이 필요해.

둘째, 오수 방출하지 않기

오수를 방출하지 않으면 강, 바다가 오염되지 않아.

자연에게 마음을 담은 편지

요즘 사람들이 환경을 파괴하고 숲을 개발해

자연을 없애고 있어서 힘들지?

그래도 우리가 재활용, 분리수거, 전기차 개발,

개인차 대신 대중교통 이용 등으로 노력하고 있어.

자연아 미안해.

우리가 본래 자연의 모습을 되찾도록 노력할게!

자연은 계절에 따라 모습이 달라져　　　김수현

이 이야기는 날씨와 계절의 변화를 담고 있고 자연의 피해에 관한 내용도 담고 있어요. 봄, 여름, 가을, 겨울 동안 변하는 자연의 모습을 알아보아요. 그리고 재미있는 날씨와 계절과 자연의 또 다른 모습도 알아보아요. 신비를 같이 느껴보아요.

자연은 계절에 따라 모습이 달라져

　봄은 꽃이 피고 여름에는 산이 푸르게 변해요. 가을에는 울긋불긋 단풍으로 산이 물들고, 겨울에는 눈으로 뒤덮여요. 이렇게 계절에 따라 자연이 크게 달라져요. 우리는 계절에 따라 기온이 달라지는 것을 몸으로 직접 느낄 수 있어요. 매일 조금씩 변하는 기온을 아침과 저녁, 여름과 겨울이 달라 계절의 변화를 확실하게 느낄 수 있어요. 계절의 변화는 우리의 옷과 음식, 생활까지 바꾸어 놓아요. 사람들은 계절의 변화에 슬기롭게 대처하며 살아왔어요.

봄

　우선 계절의 첫 번째인 봄은 한 해의 꽃이라고도 불릴 만큼 꽃이 아름다운 계절이에요. 또 봄은 재생과 성장의 시기에요. 가족과 꽃구경을 가고 여러 가지 식물의 씨를 뿌리고, 농촌에서는 모내기를 하며 대청소를 하기도 해요. 봄에는 추운 겨울의 끝과 따뜻한 날씨의 시작을 나타내요. 봄 동안 낮이 길어지기 시작하고 기온은 천천히 올라가요. 새들이 지저귀는 소리를 들을 수 있고 공원으로 산책하기 좋은 계절이에요.

여름

여름은 따뜻하고 활기찬 계절이에요. 날씨가 가장 좋은 계절이고 사람들은 따뜻한 날씨를 즐기기 위해 야외로 나가요. 여름에는 기온이 높고 낮이 길어요. 여름의 가장 큰 특징 중 하나는 햇빛이 풍부해요. 수영, 캠핑과 같은 야외활동을 많이 해요. 많은 과일과 채소가 제철인 시기에요. 사람들은 여름 동안 에너지가 넘치고, 더 활발해져요. 신선하고 건강한 식사를 하기에도 좋은 계절이에요!

가을

가을은 계절의 변화가 많이 나타나요. 여름보다 더 낮은 온도와 더 짧은 날들로 이루어져 있어요. 가을의 가장 눈에 띄는 특징 중 하나는 나뭇잎의 색깔이 변하는 것이에요. 나무들은 나뭇잎이 떨어지고 산은 빨강, 주황, 노랑으로 물들어요. 가을은 많은 동물들이 앞으로 다가올 겨울을 준비하는 시기이기도 해요. 새들은 더 따뜻한 곳으로 이동하기 시작해요. 야외활동을 즐기기에 좋은 계절이에요.

겨울

겨울은 춥고 고요한 계절이에요. 기온이 떨어지고, 낮이 짧은 계절이에요. 겨울은 겨울 스포츠를 즐기기에 아주 좋아요. 많은 사람들이 스키, 스노우보드, 썰매 등 다양한 겨울 활동을 즐겨요. 동물들은 이 시기에 겨울잠을 자요. 곰과 다른 동물들은 추위가 시작되기 전에 가능한 많이 먹고 겨울 동안 잠을 자요. 많은 새들은 더 따뜻한 곳으로 이동하지만 어떤 새들은 남아서 추운 날씨를 이겨내기도 해요.

날씨가 뭐예요?

날씨는 우리의 일상생활과 밀접하게 관련되어 있어요. 사람들의 먹을거리, 옷차림, 집 구조 등 생활의 많은 부분에 영향을 주고 사람들의 생김새, 성격, 행동까지도 영향을 주고 있어요. 바람, 비, 구름, 햇빛 등은 가장 기초적인 자연환경이에요. 날씨는 지구를 둘러싸고 있는 공기의 상태예요. 사람뿐만 아니라 지구의 모든 동물과 식물은 날씨의 영향을 받으면서 살아가요. 그래서 날씨는 어떻게 이용하느냐에 따라 삶을 풍요롭게 하는 정보가 될 수 있어요.

날씨에게 가장 큰 영향을 미치는 것은 태양이에요.

날씨에 대한 모든 것은 태양에서부터 시작이 되어요. 태양이 없었다면 아마 날씨라는 것도 없었을 것이랍니다. 태양은 지구에서 아주 멀리 떨어져 있지만 지구의 날씨를 변화시키고 우리가 살아가는데 아주 중요한 역할을 해요. 태양이 지구에 빛을 비추어 주지 않는다면 지구는 어둡게 변할 것이랍니다. 또 맑거나 흐리거나 하는 날씨 변화도 없겠지요. 그래서 태양이 날씨에 가장 큰 역할을 하고 있어요.

자연재해가 뭐예요?

　자연재해는 우리 인생에 한 번씩 일어나는 나쁜 일이에요. 자연재해는 우리에게 대부분 나쁘게 인식이 되고 있어요. 왜냐하면 자연재해는 사람들에게 피해를 주는 게 대부분이기 때문이에요. 자연은 사람에게 좋은 것만 주진 않아요. 자연재해는 그런 의미에서 자연이 재해를 준다는 의미를 품고 있어요. 그러면 이제부터 자연재해에 대해 더 잘 이해할 수 있도록 함께 알아볼까요?

자연재해는 인간으로부터 발생해요.

　자연재해는 인간이 만든 걸 수도 있어요. 자연재해에는 쓰나미가 있어요. 그런데 그 쓰나미는 큰 파도가 사람과 동식물들을 덮쳐요. 우리가 지구온난화 때문에 해수면이 높아져서 큰 파도가 생기는 것이에요. 산불 또한 그래요. 산불도 쓰나미처럼 지구온난화 때문에 일어나기 시작해요. 지구온난화 때문에 지구의 온도가 높아지고 산이 점점 뜨거워지고 결국 타게 되는 것이랍니다. 또 사람이 버린 불 때문에도 산이 타거나 연기가 피어 많은 동식물들이 죽을 수도 있어요. 그러므로 자연재해는 결코 자연적으로 일어나는 것이 아니라 사람 때문에 일어나기도 해요.

자연재해의 특징

　자연에서 나오는 자연재해는 동식물과 사람들에게 많은 피해를 줘요. 자연재해는 말 그대로 자연에서 일어나는 재해를 말해요. 자연재해로 동식물이 가장 피해를 많이 받아요. 먼저 터전을 잃는 경우, 부모와 헤어지는 경우, 심하면 죽는 경우까지도 있어요. 또 자연재해의 특징으로는 언제 어디서 올지 모르고 피해가 크기 때문에 생물들에게 치명적이에요. 자연재해의 종류로는 물이 몰려오는 쓰나미, 무더운 날씨 때문에 생기는 산불, 기후변화 때문에 생기는 태풍 등 여러 가지가 있어요. 이러한 자연재해 때문에 자연은 매번 피해를 받고 있는 중이에요. 또한 동식물에게도 피해가 가고 있기도 해요.

자연에게 마음을 담은 편지

우리와 같이 지내고 있는 숲아 안녕!

우리들이 요즘에 숲을 망치고 있어서 미안해.

너희들과 함께 같이 살기 위해 노력해볼게.

우리 같이 행복하게 지내자.

또 우리가 함께 끝까지 살아가기 위해

내가 숲을 최대한 지킬게.

'나 하나라도 해야지'라는 마음을 가질게!

나와 함께하는 자연   김나경

나는 그림 그리는 것을 매우 좋아해. 그리고 체육도 많이 좋아해. 나는 친구와 같이 노는 걸 좋아해. 벌레를 싫어하고 동물들을 좋아해. 나는 면 종류의 음식을 매우 좋아하고 스프처럼 느끼한 것을 싫어해. 난 수영은 좋아하지만 수영을 잘하지 못해. 내가 해보고 싶은 것은, 나만의 예쁜 방을 만드는 것이야. 그리고 내가 꼭 도전할 운동은 롤러야. 나의 취미는 노트에 그림을 그리거나 예쁜 물건, 귀여운 물건을 모으는 것도 좋아해. 나의 결심은 키가 자라는 것이야!! 이 결심이 될지는 모르겠어. 나의 소원은 일주일만 가족과 놀러 가는 것이야. 내가 좋아하는 캐릭터는 헬로키티, 호빵맨을 좋아해. 나의 고민은 중학생이 되면 공부가 너무 힘들지는 않을지 걱정이 돼. 난 친구들과 같이 이야기하는 것도 좋아해. 그래서 이야기를 하면 시간이 너무 빨리 가서 매일 아쉬워.

나와 함께하는 자연

　　오늘은 아빠 엄마와 식물을 심기로 했다. 방울토마토, 옥수수 등등 많이 샀다. 방울토마토와 옥수수를 심을 큰 화분을 사고 비료 등등도 샀다. 계절에 따라 키우는 식물은 다르다. 계절마다 키우는 식물을 소개할 것이다.

봄

　　봄은 주로 날씨가 따뜻해 꽃 종류, 모종 등등을 많이 심고 꽃은 튤립, 수국 등을 키우고 채소는 방울토마토, 상추 등을 심는다. 주로 방울토마토를 많이 심는다. 꽃은 주로 벚꽃, 민들레 등을 심고 다육이는 추금옥, 자보 등이 있다.

여름

여름은 햇빛이 강하고 해가 일찍 떠서 식물이 잘 자랄 수 있는 환경이다. 여름은 주로 선인장, 다양한 채소들, 과일 등을 많이 키운다. 선인장은 물을 많이 안 줘도 되고 햇빛만 있으면 잘 자라는 식물이다. 채소는 상추, 오이, 적격자, 시금치를 키우고 과일은 딸기, 방울토마토, 블루베리, 키위 등등이 있다. 여름은 꽃이 아주 잘 자라는 시기이기 때문에 키우는 꽃도 많다. 예를 들면 해바라기, 수국, 장미, 나팔꽃, 카네이션, 무궁화 등이 여름을 대표하는 꽃들의 이름이다.

가을

계절이 뒤로 갈수록 날씨가 추워져 키우는 식물, 꽃, 다육이, 채소, 과일을 키울 수 있는 종류가 많이 없다. 그래서 가을에 생각하는 나무들도 함께 알아볼 것이다. 꽃은 구절초, 각시취, 투구꽃, 한란, 코스모스, 국화 등이 있고 나무는 우리 주변에서 쉽게 보는 은행나무, 단풍나무가 있다.

겨울

겨울도 가을처럼 키우는 종류가 많이 없어서 나무도 함께 소개할 것이다. 겨울을 대표하는 꽃은 동백나무, 티보치나, 납매, 팔레놉시스, 시클라멘, 덴드로 비움이 있고, 겨울을 대표하는 나무는 천리향나무, 고무나무가 있다.

지금부터는 계절에 먹으면 좋은 채소, 과일에 대해 알아볼 것이다.

봄
봄에 먹으면 좋은 채소는 냉이, 쑥, 달래, 두릅, 미나리 등등이 있고, 과일은 딸기, 체리, 살구, 파인애플, 망고, 키위, 블루베리가 있다.

여름
여름에 먹으면 좋은 채소는 오이, 가지, 열무, 토마토, 시금치, 상추가 있고, 과일은 복숭아, 수박, 참외, 포도, 자두가 있다.

가을
가을에 먹으면 좋은 채소는 냉이, 쑥, 달래, 두릅, 미나리 등이 있고, 과일은 옥수수, 토마토, 배추, 감자 등등이 있다.

겨울
겨울에 먹으면 좋은 채소는 냉이, 달래가 있고, 과일은 딸기, 귤이 있다.

이제 내가 키운 식물의 좋은 점을 이야기하려 한다.

첫 번째, 히토니아
히토니아의 잎사귀는 초록과 흰색이 섞여 초록색이 땡땡이 모양처럼 되어있다. 히토니아는 물을 7일에 한 번 주고, 햇빛을 주로 받아야 하는 식물이다.

두 번째, 방울토마토

　방울토마토가 성장하면 줄기가 자라기 때문에 천장이 높아야 한다. 토마토는 수분이 많기 때문에 물을 듬뿍 주어야 한다. 방울토마토에 꽃이 나면 붓으로 문질러야 한다. 이건 벌의 역할을 대신 하는 것이다. 방울토마토가 **빨간색**이 되면 바로 먹어야 한다. 왜냐하면 상해서 못 먹을 수도 있기 때문이다.

세 번째, 상추

상추는 물을 하루에 한 번씩 주고, 씨앗을 넣고 기다린다. 상추의 신기한 점은 한번 수확해도 또 수확을 할 수 있다. 상추도 먹을 시기가 오면 바로 먹어야 한다. 방울토마토의 이유와 같이 썩어서 못 먹을 수가 있기 때문이다.

네 번째, 고추

고추는 햇빛이 있어야 한다. 고추는 초록색일 때 먹는 것도 있고, 빨간색일 때 먹는 것도 있다. 물은 하루에 한 번 주고 빨간색이 되어서 따고 그냥 방치한다면 마른 고추가 된다.

다섯 번째, 오이

오이는 날 때 꽃부터 나서 방울토마토와 동일하게 붓으로 문지른다. 오이 키우는 걸 실패해서 그다음은 잘 모르겠다.

여섯 번째, 딸기

딸기는 모종을 사서 하루에 한 번 물을 준다. 집에서 키우면 딸기가 엄청 작다. 빨간색이 되면 바로 먹어야 한다. '더 크지는 않을까?' 하고 놔두었더니 썩었다. 딸기도 햇빛을 받아야 한다.

일곱 번째, 봉선화

봉선화는 꽃이다. 물을 듬뿍 주고 햇빛은 꼭 있어야 한다. 봉선화는 물을 주고 햇빛을 주었더니 엄청 쑥쑥 자랐다. 꽃이 너무 예쁘다.

여덟 번째, 선인장

선인장은 물을 많이 안 줘도 되는 식물이다. 그 대신, 햇빛이 잘 드는 곳에 있어야 쑥쑥 자란다. 만세 선인장인 경우는 팔을 만들려고 하면 선인장의 몸을 작은 삼각형으로 자르면 시간이 지날수록 선인장의 팔이 자라난다. 선인장은 많이 크면 잘라 다른 화분에 심어야 엄청 커지는 것을 방지할 수 있다. 식물은 우리에게 많은 영향을 준다. 공기가 탁해지고 미세먼지가 많아질 것이다. 자연재해가 일어나 나무와 식물이 사라진다면 우리는 나무와 식물을 심어야 한다. 그리고 나무 한 그루를 심을 때 고래는 나무의 다섯 그루 정도의 공기를 정화시키기 때문에 고래도 소중히 다뤄야 한다. 식물 중 공기를 정화시키는 것은 나무이다.

지금부터는 나무의 종류를 알아보도록 하겠다. 나무는 은행나무, 단풍나무, 느티나무, 참나무, 소나무, 향나무, 대나무, 사과나무, 귤나무 등등이 있다. 그리고 꽃 중에서도 튤립, 카네이션, 해바라기, 장미는 다른 꽃에 비해 사람들에게 많은 인기를 받고 있다. 나무의 주변으로 가면 공기가 맑아지는 느낌이 들어 비염이 심한 사람은 산에 가면 힐링을 할 수 있다.

이제부터는 바다에 대해서 이야기할 것이다.
바다에는 많은 동물이 있다. 우리가 잘 아는 바다생물은 해파리, 상어, 고래, 돌고래, 범고래 등이 있다. 지금부터 고래 종류를 알아보겠다. 고래는 고래상어, 수염고래, 이빨고래, 향고래, 흰고래 등이 있고 물에서 사는 식물은 미역, 각종 해초 등이 있다. 그런데 요즘 바다 쓰레기 때문에 거북이 코에 **빨대가** 끼고 비닐봉지에 걸리거나 플라스틱 통에 끼이는 사례가 있어 바다동물들이 피해를 입고 있다. 그리고 지구온난화 때문에 산호들이 거의 다 하얀색으로 변하며 죽고 있다. 작은 물고기가 산호 주변에 사는데 산호들이 다 죽어 버리면 작은 물고기와 생물이 살 수 있는 공간이 없어진다. 작은 물고기가 다 없어지면 그다음으로 큰 물고기는 먹을 물고기가 없어서 점점 사라질 것이다. 그러면 더 큰 물고기, 더 큰 물고기는 더 이상 먹을 물고기가 없어서 멸종할 것이다. 요즘 강이나 바다에 수달이 없어지니 성게가 급속도로 증가해 성게들이 미역같은 풀을 다 먹어서 성게가 많아지고 미역과 같은 종류의 풀이 없어지고 있다. 요즘 쓰레기 문제가 심각하다. 쓰레기가 바다로 밀려와 우리나라 바다에 피해를 주고, 다른 나라까지도 피해를 준다. 요즘 바다 물고기, 생물들이 빨대에 끼이고 그물에 많이 걸려 많은 물고기 생물이 피해를 받고 있다. 쓰레기는 중국, 일본, 인도, 한국의 다양한 쓰레기가 있다.

지금은 우리 생활에 피해가 많이 되는 환경오염과 식물 광합성에 대해 알아보겠다. 식물의 광합성이 우리에게 미치는 영향은 다음과 같다.

첫째, 사람의 호흡에 필요한 산소를 공급해 준다. 광합성으로 탄산 가스를 이용하고 산소를 배출하므로 대기 중의 산소 농도를 조절해 준다.

둘째, 지구온난화 현상을 줄이고 자연환경을 정화한다. 대기 중 탄산 가스를 광합성 작용에 이용하고 대기 중 탄산 가스 농도를 적절히 해준다. 셋째, 광합성으로 식물의 영양분을 축적하여 사람에게 영양분을 공급한다. 사람에게 필요한 식량 자원을 생산한다.

이제 환경오염에 대해 알아보겠다. 자연환경이 오염이 극심하면 바로 나쁜 영향이 나타날 수도 있지만 대체적으로 시간을 두고 서서히 그 피해가 나타나므로 피해를 당하는 사람들도 언제 잘못됐는지 알아차리지 못하는 사이에 크게 잘못될 수도 있어서 평소에 모든 사람들이 환경을 깨끗하게 보존하도록 힘써야 한다.

공기 오염이 심하면 산성비가 내린다. 산성비가 오면 풀, 나뭇잎이 빨갛게 변하면서 타죽고 아주 심하면 나무가 죽게 된다. 강과 하천 물이 산성화되어 농작물에도 피해를 준다. 소위 온실가스라는 것이 많아지면 지구의 대기층에서 열을 발산하는 것을 막아 지구의 온도가 올라가고 이것은 지구 전체의 생태계 변화, 빙하가 녹아 해수면의 높이가 증가하고 기후의 변화로 예측하지 못한 태풍이나 해일 등 재앙으로 이어지기도 한다. 물이 오염되면 농작물이나 가축에 피해를 준다. 오염된 물을 가지고 생활하는 사람들은 나쁜 병에 걸린다. 토양이 오염되면 곡식이나 채소가 오염되고 그것을 먹는 사람과 가축에게 피해가 생긴다. 이런 오염은 대기의 오염, 물의 오염으로 이어지고 물의 오염은 다시 토양의 오염이 되고 이는 가축, 사람, 농작물에게 피해를 준다. 나쁜 공기를 직접 마시는 피해로부터 다른 오염을 거쳐 사람에게 오는 간접피해도 생긴다.

지금까지 환경오염으로 인해 생기는 인간의 질병은 난청, 폐질환, 각종 암의 증가, 정자 수 감소로 인한 자손 번식, 장애까지 무수히 많으며 새롭게 발견되는 병들도 있다. 지구온난화는 다양한 형태로 사람에게 미치는 영향이 있으며 이러한 영향은 물리적, 생태학적, 경제적, 건강 등 다양한 측면에서 나타난다.

첫째, 극단적인 날씨

지구온난화로 인해 극단적인 날씨 현상이 증가하고, 이로 인해 폭염, 강우량 증가, 가뭄, 홍수, 태풍 등이 더 빈번하게 발생한다. 이는 농작물과 수자원 관리에 부정적인 영향을 미친다.

둘째, 해수면 상승

지구온난화로 인한 빙하와 빙산의 녹는 속도가 증가하고, 이로 인해 해수면이 상승한다. 해수면 상승은 해안 도시와 지역에 대한 위험을 증가시키고 주거 지역과 인프라에 영향을 줄 수 있다.

셋째, 생태계 변화

기후 변화는 생태계에도 큰 영향을 미친다. 생태계의 이동, 멸종 위기 동물 증가, 야생동물 서식지 파괴 등이 발생한다.

넷째, 건강 문제

폭염과 고온 스트레스로 인해 열파와 열사병의 발생이 늘어나며 공기 오염과 이산화탄소 농도의 상승은 호흡기 질환을 악화시킨다. 또한 해수면 상승과 기후변화로 인해 질병을 전파시키는 벡터(ex. 모기)의 분포가 확대될 수 있다.

다섯째, 식량 보안

기후 변화는 농작물 수확량에 지대한 영향을 미친다. 특히 가뭄과 홍수 피해로 인해 식량 공급에 위협을 줄 수 있다. 이는 식량 부족은 물론 물가 상승으로 이어진다.

여섯째, 경제 영향

자연재해와 생산력 감소로 인해 경제에도 부정적인 영향을 미칠 수 있으며, 환경변화에 대비 및 복원 작업은 막대한 비용이 들 수 있다.

이러한 영향들은 특히 취약한 지역과 사람들에게 더 큰 피해를 입힐 수 있으며, 기후 변화의 관리와 대응이 중요하다. 이에 대한 대응은 온실 가스 배출을 줄이고, 재생 에너지를 촉진하며 기후 변화 대책을 수립하고 구연하는 등의 다양한 노력을 포함한다.

일회용품 사용으로 인한 환경오염이 사람에게 미치는 영향은 매우 크다. 특히 일회용품 사용으로 인한 환경오염은 이러한 영향을 더욱 크게 만드는 원인 중 하나이다.

미세플라스틱: 일회용품으로 사용된 플라스틱 제품들이 자연에서 분해되지 않고 해양 생태계에 쌓여 미세플라스틱으로 변하면서 해양 생태계가 파괴되고 있다. 그 결과, 생물 다양성이 감소하고 해양 생태계의 건강이 악화된다.

공기 오염: 일회용품 제작 및 운송 과정에서 발생하는 대기 오염 물질들은 인체에 해로운 영향을 미칠 수 있다.

동식물들의 피해-생선: 해양 생태계의 미세플라스틱으로 인해 생선과 같은 수산물에도 미세 플라스틱이 쌓이고 있으며 이를 섭취한 사람의 건강 또한 해로울 수 있는 유해 물질을 섭취할 가능성이 있다.

기후 변화로 인한 '생태계 변화': 지구의 온도가 1도만 올라도 생태계의 30%가 멸종하는 것을 볼 수 있다. 또한 산불 발생 증가로 자연 생태계 영향도 온다. 환경오염이 사람에게 미치는 영향은 매우 크기 때문에 일회용품 사용을 줄이는 등 해결책을 찾아야 한다.

우리 모두의 작은 노력으로 자연을 지킬 수 있다. 이로부터 사람은 환경을 조금씩 파괴하고 복구하려고 노력한다. 지금 우리의 사소한 노력으로도 환경을 살릴 수 있다. 쓰레기를 길에 버리지 않고 산에 있는 것을 함부로 가져가지 않는 것만 해도 우리의 주변 환경이 깨끗해지고 동물도 많아질 것이다. 우리의 노력을 모아 우리의 자연을 지키자.

자연에게 마음을 담은 편지

요즘 숲을 공사하고 없어지게 하니 너무 힘들지?
사람들이 숲을 개발하고 공사하니
숲이 없어지고 동물들도 사라지고 있어.
요즘 동물들이 많이 멸종되고 있어서 너무 슬퍼.
나중에는 지금 우리가 보고 있는 동물도 사라지지
않을까 싶어. 나는 최대한 숲을 지키려고 노력할게.
우리가 숲을 지키고 동물을 지키려면
개발을 줄여야 하지만 요즘 우리는 숲을 망가뜨리고
동물을 잡고는 해. 너무 불쌍하고 마음이 안 좋아.
우리가 더욱 더 노력할게.

나의 자연과 우리의 자연   이준혁

  평소 글쓰기에 흥미 있는 편이 아니고 책 쓰기를 해본 적이 없습니다. 하지만 이번 기회로 책쓰기 동아리 '도원글방'에 들어왔으니 책을 쓰겠다는 마음을 강하게 가지고 책을 쓰겠습니다. 그리고 원래 학교 도서관에서 책을 빌린 만큼 더 책을 잘 쓰고, 동아리 '도원글방'에서 추억도 쌓고 책도 내고 싶고 무언가가 부족하더라도 이 책을 잘 봐주셨으면 합니다. 그리고 이 책을 쓰고 나서도 또 다른 재미있는 책을 쓰고 싶고, 책 쓰기 주제로 책을 잘 쓰겠습니다. 그리고 앞으로 더 잘 책을 쓰는 것을 잘 지켜봐 주셨으면 좋겠는, 그런 학생 작가입니다.

나의 자연과 우리의 자연

직접 가보거나 본 자연의 힐링 장소

하나. 수변공원

우리 집 주변에는 수변공원이 하나 있다. 어릴 때부터 계속 지금 동네에 살아서 자주 가곤 했었다. 놀려고 많이 갔는데 몇 번씩 엄마가 자연을 느껴보라고 데려갈 때가 있었다. 특히 공원 앞 저수지에는 수달이 산다. 그리고 엄청나게 큰 물고기와 거북이도 살고 있다. 특히 장미가 많아 봄에는 장미 축제가 열리고 복숭아나무 등 40종의 나무가 수종 되어있다. 그래서 난 더 자주 가봐야겠다고 생각했다.

둘. 수성못

1970년대까지 논과 밭으로 이루어져 있었다고 한다. 수성못 주변 길에는 봄에 벚꽃이 많이 핀다고 한다. 대구에 있는 수변공간 중 자연의 형태를 가장 잘 유지했다고 한다. 금호강,낙동강, 진천천, 대명천이 합류하는 곳, 넓이만 2km2이다. 이곳에는 멸종위기 2급, 맹꽁이, 희귀식물인 모감나무, 쥐방울 덩굴, 붉은배새매, 황조롱이 등이 서식하고 있다.

셋. 하중도

대구에 위치한 하중도는 인공 섬이다. 차에서 창문 밖을 구경하다가 나는 하중도를 보았다. 하중도에는 여러 가지 식물들과 꽃이 있고 하중도는 금호강 주변에 둘러싸여 있다. 봄에는 유채꽃, 가을에는 코스모스가 핀다고 한다. 엄청 커 보이던데 섬 같지 않아 보였다.

넷. 팔공산

팔공산은 대구, 군위군에 걸쳐져 있는 태백산맥 줄기의 산이다. 1980년 5월 13일 도립공원(대한민국 국립공원에 준하는, 도가 관리하는 자연공원)으로 가정되고 2023년에 국립공원으로 승격하였다. 과거에는 대구에 습기와 호수가 많아 호수처럼 보였다고 한다. 그래서 새가 많이 살고, 닭, 특히 물닭이 많았다. 팔공산은 예전에 꿩이 많이 살아서 꿩산이라고 불렸다. 이렇게 유지하면서 국립공원으로 승격한 팔공산, 그리고 많은 생물이 살고 있는 팔공산이 엄청 대단한 자연이라 생각한다.

사계절의 자연

하나. 봄

봄은 3~5월이고 겨울이 끝나 점점 온도를 올리는 계절이다. 현재는 기후 변화로 5월은 봄이라 보기 힘들 정도이다. 봄 초반에는 상당히 일교차가 크다. 건조해 황사가 자주 일어난다. 봄은 모두가 알다시피 벚꽃의 계절이다. 그리고 매화도 핀다. 봄에 피는 꽃들은 이렇다. 유채, 목련, 수선화, 패랭이꽃, 다래, 동백나무, 붓꽃, 민들레, 삼지구엽초, 은방울꽃, 찔레꽃, 튤립, 괭이밥, 꽃마리 등이 있다. 봄에 피는 꽃은 상당히 많다. 그리고 소나무 일종의 나무가 잎을 피우고 딸기가 많이 자란다.

둘. 여름

여름은 6월~8월에 나타난다. 하지만 앞에서 보셨다시피 기후변화로 5월에도 여름 날씨가 나타난다. 1년 중 가장 높은 날씨인 여름에는 사람들이 해수욕을 많이 즐기기도 한다. 또한 장마철이 있다. 피는 꽃은 다음과 같다.

-대표적인 꽃: 카네이션, 해바라기 등. 요즘 여름이 점점 더워져서 나도 적극적으로 지구온난화를 예방해야겠다고 생각했다.

셋. 가을

가을은 9~11월에 나타난다. 가을에는 낙엽, 단풍잎, 솔방울과 도토리, 밤 등 많은 것이 있어 내가 어릴 때 가장 좋아하는 계절이었다. 어릴 때 엄마와 단풍잎과 은행잎, 낙엽으로 물감 놀이를 했었던 기억이 아직도 남아있다. 이처럼 자연에도 재미있는 것이 많다고 생각한다.

날씨가 딱 좋아서 지금도 난 가을이 가장 좋은 계절이라고 생각한다. 가을에는 단풍과 은행이 제일 대표적이고 코스모스 등이 피기도 한다.

넷. 겨울

겨울은 사계절 중 가장 추운 계절이다. 12월~2월 즈음 나타난다. 눈이 가장 많이 오는 계절이나 지구온난화 때문에 비도 온다. 겨울에 비가 온다는 것이 신기하다. 겨울은 눈이 오는 계절로 내가 좋아했었다. 하지만 요즘에는 지구온난화 때문인지 눈이 자주 안 와서 조금 실망스럽다.

우리에게 힐링을 주는 자연을 위해 우리가 실천할 수 있는 것들

하나. 분리배출을 잘하자

분리배출을 잘하면 처리 비용이 줄어들고 탄소 배출량을 줄여준다. 쓰레기는 라벨, 종이를 따로 분리해 버려야 한다.

둘. 사용하지 않는 전기 끄기

우리 일상생활 중 전기 사용을 아끼면 지구가 더 나아진다. 일단 사용하지 않는 전기 코드를 뽑는 것처럼 작은 것부터 시작하면 더 많은 전기를 아낄 수 있을 것이다.

참고: 탄소배출량이란 화석연료 사용량과 같은 다양한 이유로 이산화탄소 같은 탄소들이 대기 중으로 퍼져가는 것을 말한다.

셋. 일회용품 사용 줄이기

무심코 사용하는 종이컵과 같은 일회용품들이 엄청나게 많이 쌓여 섬까지 만들어졌다고 한다. 태평양에 우리나라의 15배나 되는 섬, 쓰레기가 1조 8천억 개가 모여지면서 계속 일회용품을 사용하면 바다에 쓰레기로 뒤덮여 더 이상 바다를 볼 수 없게 될 수도 있다. 그러니 모두가 한 개라도 쓰레기를 버리지 않으면 조금이라도 더 도움이 될 것이다. 안타깝게도 지금은 되돌릴 수 없는 지경까지 왔다고 한다.

넷. 대중교통 이용

자가용 이용은 코로나19와 같은 바이러스를 일으키는 매연이 나와 환경오염의 주된 원인이다. 그렇기 때문에 느리더라도 대중교통을 이용하면 도움이 될 것이다.

다섯. 비닐봉투 대신 장바구니 사용

모두가 잘 알듯이 비닐봉지는 우리가 일상생활에서 많이 사용하고 있다. 15년에 211억 봉지 정도 사용한다고 한다.

해결 방안: 나라에서는 비닐봉지 돈을 받는 것으로 해결했지만, 마트나 편의점에 갈 때는 장바구니를 챙기도록 하자.

여섯. 음식은 먹을 만큼만

음식을 남기면 음식물 쓰레기에 의해 환경이 오염된다. 음식을 다 먹는 사람은 괜찮지만, 남기는 사람들은 2~30%만 줄여도 도움이 된다고 한다.

일곱. 천연세제 사용

세제에는 인산염이 있는데 이는 수질 오염을 일으킨다. 그러니 천연세제를 사용하자.

여덟. 헌 옷은 버리지 말고 기부하자

헌 옷을 처리할 때 나쁜 물질이 많이 배출된다고 한다. 하지만 기부를 하면 받는 사람도 좋고 환경도 보호할 수 있기 때문에 그야말로 일석이조다.

환경이 오염되면 신비로운 자연환경이 파괴되어버리니 위의 8가지를 잘 지켜보도록 하는 것이 좋을 것 같다.

나의 자연 이야기

내가 키우는 식물과 우리 학교 앞에 있는 화단도 자연으로 볼 수 있다. 옛날에 많이 키워 봤었는데 꽃은커녕 새싹까지 피고 죽는 것이 대부분이었다. 그리고 식물을 키우면서 집에 벌레가 많이 나와 엄마 아빠한테 혼나기 일쑤였다. 그래서 나는 식물 가꾸는 것과 맞지 않다고 생각하고 몇 년 동안 자연에 관심을 주지 않았다.

하지만 어느 날 자연 속에 있는 숙소에 가게 되었고 아름다운 바다와 돋아나 있는 예쁜 새싹들을 보게 되었다. 그 멋진 광경에 자연의 힘이 위대하다는 것을 깨달았고, 늦지 않았다고 생각하여 축제 때 나무를 몇 그루 심었다. 그리고 그 나무는 현재 열심히 자라나고 있다. 나는 궁금했던 점들도 매우 많았다.

"엄마, 나무의 잎은 왜 겨울이 되면 자를까요?"

이때에 '가지치기'라는 단어를 처음 들었다. 그때는 가지치기를 하는 아저씨들이 참 한심하고 힘들어 보였지만 지금은 아니다. 가지치기의 의미는 나무, 또 다른 생명을 살리는 일이었던 것이다. 그리고 '꽃은 왜 겨울에는 피지 않을까?'라는 의문을 가졌었는데, 겨울에 피는 꽃이 많다는 것을 알았을 때 자연의 신비로움을 느꼈다. 내가 살고 있는 아파트 앞의 수풀에는 봄이 되면 꼭 동백꽃이 핀다.

　동백꽃은 겨울에만 피는 줄 알았는데 아니었다. 나는 그 꽃이 피기를 어릴 때 손꼽아 기다렸다. 하지만 이제는 아니다. 인간, 즉 나를 포함한 모든 사람들이 많은 쓰레기와 자가용 이용으로 이제는 그 위치에서 꽃을 볼 수 없다. 2년 전부터 꽃이 피지 않아 실망감이 몰려왔었다. 지금은 그 꽃을 까맣게 잊고 있었는데 이 글을 쓰며 다시 한번 생각하게 되었다. (꽃봉오리까지는 핀다. 꽃을 아예 잘라내지는 않았고, 꽃이 활짝 필 정도까지는 되지 않는다는 이야기이다.)

　그런 의미에서 토마토를 길러 보았지만, 새싹도 못 피워보고 결국 죽고 말았다. 그리고 우연히 학교에서 해바라기 씨앗을 받았다. 그 해바라기한테 이름도 지어주고 정성을 다해 가꾸었다. 그리고 나의 키의 1/4정도 컸을 때 집으로 가지고 왔다. 잘 가꾸다 어느 날 결국에는 시들었다. 하지만 난 희망을 버리지 않고 영양제를 주었고 다행히도 봉오리가 맺힌 채로 아주 활기차게 돌아왔다. 그 후에는 할아버지 집으로 보냈고 해바라기는 끝까지 자랐다. 비록 지금은 그 해바라기를 보지 못하지만 성장 과정이 아주 생생하게 기억난다.

-해바라기의 성장 과정-

1. 해바라기를 심었다.
2. 씨앗을 심고 바로 다음 날, 꽃에 새싹이 돋았다.
3. 새싹 윗부분이 완전히 벌어졌다.
4. 새싹 위로 떡잎이 자라기 시작했다.
5. 본잎이 피고, 떡잎이 졌다.
6. 꽃봉오리가 맺혀서 점점 커졌다.
7. 꽃봉오리가 점점 벌어져 꽃이 활짝 핀 후, 꽃이 졌다.

이렇게 그냥 살아갔어도 우리들이 살아가는 곳은 모두 자연에 대한 요소가 있을 것이다. 지구온난화로 우리의 사계절이 없어질 수 있으니, 자연을 소중하게 여기고, 또 자연 속에서 즐겨보았으면 한다.

자연에게 마음을 담은 편지

요즘 우리가 계속 자연환경을
너무 마음대로 개발해서 미안해.
내가 쓰레기를 많이 버려서 힘들었지?
자연을 보호하기 위해 앞으로 우리가 더 노력할게.
자연아 파이팅!
전기도 아껴 쓰고 물도 아껴 쓸 테니까
조금만 더 버텨줘.

자연의 이모저모   김민재

저는 별로 책을 좋아하지 않지만 그래도 작가가 되기 위해 노력 중입니다. 저는 재밌는 책을 쓰고 사람들을 즐겁게 해주고 싶은 마음이 넘칩니다. 처음엔 재미없을 줄 알았지만, 하다 보니 재미있어 기분이 좋고 마음이 편안합니다. 글을 잘 쓰고 싶고 5학년 작가가 되고 싶습니다. 저는 좋아하는 것과 싫어하는 것이 매우 많습니다. 제가 거기서 3가지만 말씀드리겠습니다. 좋아하는 것은 노래 듣기, 친구랑 통화하기, 게임을 좋아합니다. 제가 싫어하는 것은 부모님이 다치는 것, 수요일, 사회를 싫어합니다. 그리고 제가 하고 싶은 것은 작가가 되어서 진짜로 책을 출판하고 싶습니다. 제가 이 글을 쓰고 봐주시는 여러분께 감사드리며 앞으로도 열심히 책을 쓰려고 노력하겠습니다.

자연의 이모저모

계절마다 먹는 음식이 다르고 이 다채로운 계절 음식들로 힐링을 할 수 있다. 예를 들어 여름에는 시원한 음식, 겨울에는 따뜻한 음식이다. 그렇다면 계절마다 먹는 음식이 무엇일까?

첫 번째는 봄이다.
봄은 춥지도 않고 덥지도 않다. 어떤 음식도 잘 어울린다. 하지만 그중에서 봄과 잘 어울리는 음식은 '고기'이다. 왜냐하면 고기는 여름이나 겨울에는 나가기 귀찮아 고기를 사기 싫은데 봄은 벚꽃을 보면서 갈 수 있으니까 말이다.

두 번째는 여름이다.
여름은 많이 더워서 사람들은 시원한 음식을 먹으려고 한다. 하지만 여름은 시원한 음식보다는 따뜻한 음식이 더 좋기 때문에 여름과 가장 어울리는 음식은 '삼계탕'이다. 왜 삼계탕이냐면 일단 여름에는 땀을 뻘뻘 흘리기 때문에 따뜻한 음식을 먹으면 더우니까 먹다 보면 시원함을 느낄 수 있습니다. 이것이 바로 이열치열!

마지막 세 번째는 겨울이다.
겨울은 많이 추워서 따뜻한 음식을 먹고 싶다. 그래서 겨울에 가장 잘 어울리는 음식은 '어묵'이다. 어묵은 따뜻해 사람들이 좋아한다. 또 겨울 음식으로 어울리는 것이 있다. 바로 '붕어빵'입니다. 이것도 어묵과 마찬가지로 따뜻하여 사람들이 좋아한다.

바닷가에 사는 생물은 다양하고 이 바다생물들로부터 힐링을 할 수 있다. 예를 들어 물고기가 있고 문어 등이 많다. 그렇다면 먼저 바닷가에 사는 생물을 알아보자.

먼저, 바닷가에는 물고기가 있다. 특히 숭어들은 물고기 잡기에 많이 나온다. 그리고 물고기는 회로도 많이 먹는다.

그다음은 낙지다. 어린애들은 산낙지를 무서워하는데 크고 나면 산낙지가 무섭지도 않고 맛만 있다.

그다음은 문어다. 문어는 회로도 먹을 수 있고, 문어는 먹물이 있다.

그다음은 미역이다. 미역은 보통 생일날에 먹는 미역국을 먹는다. 하지만 미역은 말려서 먹을 수 있다.

그다음은 전복이다. 전복도 회로 먹을 수 있고, 전복은 횟집에 가면 기본으로도 나온다.

그다음은 게다. 게는 회로 먹을 수 있고, 쪄서 먹을 수 있는데 나는 개인적으로 쪄서 먹는 것을 좋아한다.

마지막으로 새우이다. 새우는 소금구이로 먹어야 제맛이다. 그리고 새우는 생새우도 맛있다.

자연에서 살고 있는 동물들을 보면서 힐링을 할 수 있다. 혹시 이 글을 읽는 독서 여러분은 동물의 특징에 대해 잘 알고 있을까?

먼저 사자의 특징은 주로 고기를 먹고 암수가 모두 꼬리 끝에 술 모양으로 된 흑갈색의 털송이가 있고 이빨은 32개가 있다. 코끼리의 특징은 긴 코와 몸무게가 1톤이 넘는 특징이 있다. 토끼의 특징은 깡충깡충 뛰고 풀과 당근 등을 먹고 앞니가 6개나 있다. 원숭이의 특징으로는 긴 꼬리가 특징적이다. 원숭이 종류 중에서도 긴팔원숭이가 있다. 다람쥐의 특징은 검정색 눈에 눈이 크다. 귀는 짧고 털이 없다. 마지막으로 오리의 특징은 물속을 좋아하고, 헤엄을 잘 치고 하늘을 날 수 있다.

사막에 사는 동물과 북극에 사는 동물은 무슨 차이점이 있을까? 먼저 사막이나 북극에 사는 동물은 똑같은 동물이지만 털의 색깔과 이름이 다른 동물은 사막여우, 북극여우가 있다. 둘 다 여우는 맞지만, 사는 곳과 털의 색깔이 다르다. 그다음 사막에 사는 동물은 캥거루이고, 북극에 사는 동물은 북극곰이다. 둘 다 덩치가 크지만 달리기 속도는 다르다. 그다음은 사막에 사는 동물은 낙타고 북극에 사는 동물은 수달이다. 낙타는 평지에서 살지만, 수달은 물속에 산다. 마지막으로 사막에 사는 동물은 뱀이고, 북극에 사는 동물은…

자연 속 꽃과 풀들이 들이 우리에게 주는 힐링도 있다.

꽃과 풀은 무슨 차이가 있을까? 먼저 꽃은 여러 가지 색이 있지만, 풀은 초록색뿐이다. 그다음 꽃은 향긋한 냄새가 나는 반면 풀은 이상한 냄새가 난다. 꽃은 잎이 있지만, 풀은 잎이 없다. 꽃에는 꿀이 있지만, 풀에는 꿀이 없다. 마지막으로 꽃은 이산화탄소를 흡수하지만, 풀은 흡수하지 않고, 꽃 근처에는 벌이 살지만, 풀 근처에는 벌이 없다. 한편 꽃은 여러 가지 꽃이 있고 여러 가지의 색이 있다. 꽃자루는 긴 것과 짧은 것 또는 짧아서 잘 보이지 않는 것도 있다. 해바라기의 특징은 해바라기 씨의 초콜릿이 있고 노랗게 생겼다. 장미의 특징은 빨간색이고 봄에 자란다. 민들레의 특징은 노랗고 잎의 길이는 6~15cm에 폭은 1.2~5cm이다. 마지막 개나리의 특징은 노랗고 개화시기는 10월이며, 분포 지역은 한국, 중국이다.

이렇게 우리는 다양한 곳에서 만날 수 있는 자연 그리고 그 자연에서 살고 있는 동물, 식물들로부터 힐링을 할 수 있다. 독자 여러분도 다양한 장소에서의 자연을 느끼고 힐링할 수 있었으면 좋겠다.

자연에게 마음을 담은 편지

자연아, 안녕!

우리 때문에 많이 힘들지?

그래도 우리가 자연과 함께 살기 위해서

노력하고 있어. 자연아, 네가 없어진다면

식물과 생물이 없어질 수도 있어.

그러니까 우리가 많이 도와줄게.

아니면 내가 식물을 많이 키워볼게.

내가 열심히 키워서 자연 너를 힘들지 않도록 해줄게.

그러니까 자연아, 우리 죽을 때까지 함께 하자.

사계절 자연의 모습　　　　　　　이성민

　저는 평소에도 책을 좋아해서 책을 500권 정도 읽었습니다. 그래서 책에 대해 관심이 많았습니다. 동아리에 책 쓰기 동아리가 있는데 글을 직접 써보는 것도 좋을 것 같아서 책 쓰기 동아리에 들어왔습니다. 여러분은 책 읽는 것을 좋아하나요? 아마 안 좋아하는 사람들이 더 많을 것 같은데요. 하지만 책을 읽다 보면 책이 좋아질 겁니다. 저도 처음에는 책을 읽는 것이 싫었지만 읽다 보니 좋아졌습니다. 책을 읽는 것이 귀찮은 사람들도 있을 겁니다. 그런 분들도 책을 읽다 보면 책을 읽는 것이 귀찮지 않을 겁니다. 여러분들도 책을 읽다 보면 저처럼 책을 읽는 것이 좋아질 겁니다. 그럼 재미있게 이 책을 읽어볼까요?

사계절 자연의 모습

나는 자연을 담은 영상을 보며 자연이 주는 힐링을 하였다. 그리고 그것에 대해 쓸 것이다.

봄. 자연을 담은 영상을 보니 산에 푸른 나무, 알록달록한 꽃들이 있었다. 나는 봄에 산이 푸르기만 할 것 같았는데 알록달록한 꽃들이 피어있어서 놀라웠다. 푸른 나무와 알록달록한 꽃의 조화가 환상적이었다. 그리고 강은 영롱한 푸른 빛을 냈다. 정말 아름다웠다. 한편으로는 이런 아름다운 강이 오염되고 있다는 것에 속상하기도 했다.

그리고 꽃, '봄' 하면 **빼놓을** 수 없는 꽃이 있다. 바로 벚꽃! 역시나 벚꽃, 분홍색이 정말 아름다웠다. 흰색 벚꽃은 분홍색 벚꽃과 다르게 아름다웠다. 하얀 벚꽃을 보니 마음이 편안해졌다. 그리고 봄 하면 또 **빼놓을** 수 없는 봄나들이! 하지만 봄나들이를 방해하는 방해꾼 미세먼지! 미세먼지는 자연적으로 발생하는 것과 인위적으로 발생하는 것으로 나뉜다. 자연적으로 발생하는 미세먼지는 흙먼지, 소금, 꽃가루 등이 있다. 인위적으로 발생하는 미세먼지는 석탄, 석유 등 화석 연료를 사용해 발생되는 매연이 대표적이다.

  그렇다면 미세먼지를 줄이는 방법에는 어떤 것이 있을까? 바로 공기청정기를 사용하는 방법이 있지만 이는 전기를 쓰게 된다. 가장 좋은 방법은 공장의 개수를 줄이고 자동차보다는 자전거를 이용하거나 대중교통을 이용하는 것이다. 봄은 정말 아름다운 꽃들이 있어서 좋은 것 같다.

  지금까지 봄에 대해 글을 썼다면 이번에는 **여름**에 대해 글을 쓸 것이다. 여름, 산은 푸른색이었고 바다는 에메랄드 빛을 보인다. 여름의 산은 푸르다는 것을 알고 있어서 놀랍지는 않았다. 푸른 산을 보고 있으면 기분이 좋아진다. 여름의 산도 아름다운 것 같다. 바다는 말하지 않아도 얼마나 아름다운지 알고 있겠지만 그래도 말하자면 영롱한 에메랄드 빛이 나는데 진짜 끝내준다. 왜 여름에 바다, 바다 하는지 보면 알게 될 것이다.

그리고 여름 하면 생각나는 그 곤충, 매미! 다들 매미 소리 때문에 짜증 난 적이 분명히 있을 것이다. 그런데 이 매미, 알고 보면 굉장히 불쌍한 곤충이다. 왜냐하면 매미의 수명은 2~3주 정도밖에 되지 않기 때문이다. 그리고 바깥세상에 나오려면 약 7년이 걸린다. 7년 동안 매미는 땅속에서 산다.

매미 말고 '여름' 하면, 떠오르는 곤충이 하나 더 있다. 바로 모기이다. 모기는 사람의 피를 빨아먹는데 모기에게 물리면 정말 정말 간지럽다. 나는 모기에게 물리지 않으려고 모기가 싫어하는 냄새가 나는 스티커를 옷에 붙이기도 했다. 여름은 덥지만, 그 덕분에 바다도 가고, 아이스크림도 먹을 수 있어서 좋은 것 같다.

여름까지 글을 썼다면 이번에는 **가을**에 대해 글을 쓸 것이다. 가을 산은 단풍잎과 은행잎 빨강, 주황, 노란색이 섞여 있다. 강은 봄과 별로 다르지 않은 푸른색이었다. '가을' 하면, 떠오르는 나무, 바로 단풍나무와 은행나무!

단풍나무의 잎인 단풍잎은 **뾰**족하고 보통 **빨**간색이다. 은행나무의 잎인 은행잎은 둥글고 보통 노란색이다. 강은 봄에서 설명한 것과 거의 비슷하니 넘어가겠다.

가을은 천고마비의 계절이다. 천고마비의 뜻은 하늘이 높고 말이 살찐다는 뜻이다. 가을은 농부들에게는 아주 중요한 계절이다. 왜냐하면 농사의 결과물을 수확하는 때이기 때문이다. 그리고 가을의 명절, 추석! 추석에는 차례를 지내고 음복을 한다. 그리고 조상의 산소에 가서 성묘를 한다. 추석에 하는 놀이에는 강강술래, 줄다리기, 씨름, 활쏘기 등이 있다. 그런데 요즘 지구온난화가 심해지면서 여름이 길어지고 가을이 짧아지고 있다. 지구온난화가 계속 지속된다면 가을은 더 짧아질 것이다. 가을은 시원해서 좋은 것 같다.

    가을까지 글을 썼다면 이번에는 **겨울**에 대해 글을 쓸 것이다. 겨울 산은 눈으로 덮여 있어서 하얗고 강은 얼어있다. 겨울에는 눈이 내리기 때문에 산이 눈으로 뒤덮이는 것이다. 하얀 산을 보고 있으면 내 마음도 하얘지는 것 같다. 겨울은 정말 추워서 강이 얼어버린다. 얼어 있는 강도 아름다운 것 같다. 그리고 겨울에는 고드름도 생긴다. 겨울에는 나무에 있는 나뭇잎이 거의 다 떨어진다. '겨울' 하면, 눈이 떠오르는 사람이 많을 것이다.

    그렇다면 눈이 어떤 것일지 한번 알아보겠다. 눈은 대기 중의 구름으로부터 지상으로 떨어져 내리는 얼음의 결정이다. 눈이 내리는 원리는 작은 수증기들이 모여 이루어진 구름, 그리고 이 수증기의 물방울들이 점점 커지고 무거워져서 지상으로 떨어지는 것이 비인데, 온도가 낮아 수증기가 지상으로 떨어지며 눈이 된다. 겨울에는 크리스마스가 있는데 크리스마스는 부모님이 아이들에게 선물을 주는 공휴일이다.

    겨울에 하는 놀이에는 스키, 스케이트, 눈싸움, 눈사람 만들기 등이 있다. 그리고 겨울에는 동물들이 겨울잠을 자는데, 그 이유는 춥고 먹을 것이 없기 때문이다. 겨울은 춥지만, 다양한 겨울 놀이, 스포츠를 즐길 수 있어서 좋은 것 같다.

지금까지 우리나라의 자연인 사계절 **봄, 여름, 가을, 겨울**에 대해서 알아보았다. 그리고 마지막으로 자연에 대한 나의 생각을 쓸 것이다. 요즘 사람들이 나무를 베고, 매연을 만들고, 강에 폐수를 버리면서 환경을 오염시키고 있다. 이렇게 계속 환경이 오염되면 동물들이 살 곳을 잃어서 죽고, 지구온난화가 더 심해지게 되고, 공기가 오염되어서 숨쉬기가 힘들고, 강도 오염되어서 깨끗한 물도 마실 수 없게 될 것이다.

지금이라도 자연을 보호해야지 이런 일들을 막을 수 있다.

자연을 보호하는 방법 첫 번째, 나무를 심는다. 나무를 심으면 오염 가스가 나무에게 흡수되어서 대기오염에 대처할 수 있다. 그리고 나무는 기온을 낮춘다. 그래서 지구온난화에도 도움이 된다.

두 번째, 에너지를 절약한다. 에너지를 절약하면 에너지 낭비를 막을 수 있다. 에너지를 절약하는 방법은 에너지가 효율적인 물건을 쓴다. 그리고 전기를 사용하지 않을 때는 꺼둔다.

세 번째, 식물 기반 식사를 한다. 육식은 많은 자원과 에너지를 소비하며 온실가스 배출량을 증가시키기 때문이다. 내가 알려준 방법이 아니어도 된다. 자연을 보호하는 방법을 다 함께 실천하자!

자연에게 마음을 담은 편지

안녕, 자연아? 나는 성민이야.

요즘 우리 인간들이 자연을 파괴하고 있어서 힘들지?

나는 너희 자연을 보호해주고 싶어.

그리고 나 말고도 많은 사람들이

자연을 보호하려고 노력하고 있어.

하지만 그래도 많은 사람들이 자연을 파괴하고 있어.

정말 미안해. 나중에 내가 어른이 되어서

자연을 보호해야 한다고 많은 사람들에게 알릴게.

그리고 자연아, 정말 고마워!

사계절의 새로운 특징들   김민재

　저는 책을 좋아하는 도원초등학교 학생입니다. 처음에는 독서를 싫어했지만, 소설책을 읽다 보니 흥미가 생기며 계속 읽어서 요즘은 두꺼운 책도 5일 안에 읽을 정도로 읽는 속도가 빨라졌습니다. 그리고 만화책은 얼마나 재밌을까 하다가 만화책을 좋아하는 동아리를 함께하는 친구인 동우에게 만화책을 빌렸습니다. 역시 재밌었습니다. 하지만 쉬는 시간이 끝나는 종이 쳐 다시 돌려줘야 했습니다. 그리고 계속 책에 대한 흥미가 있어서 책 쓰기 동아리에 들어온 것 같네요. 저는 책을 독서 노트에 쓰면 쓸수록 재밌는 것 같아요. 그리고 저의 나이는 12살입니다. 나중에 더 크면 책을 더 많이 읽을 수 있겠습니다. 그러면 저는 이야기 속으로 빠져보겠습니다.

사계절의 새로운 특징들

1장. 봄의 장점

봄의 특징은 여러 가지가 있다. 벚꽃 축제, 컬러풀 플로라 등 여러 가지 특징이 있다. 우리들은 봄의 특징을 보러 가기 위해 외출을 한다. 여러 가지 꽃으로 만들어진 작품, 벚꽃 모양의 컬러풀 플로라, 아름다운 벚꽃을 무수히 볼 수 있는 벚꽃 축제 등 다양한 체험과 경험을 쌓기 위해 체험하러 간다. 그리고 체험장, 축제 등에 안가도 봄의 특징이 많이 있다. 길가에 보이는 파릇파릇한 새싹들, 향긋한 벚꽃 향기 등 다양하게 즐길 수 있는 봄의 특징들이 많다. 그래서 난 봄의 특징을 더 알기 위해 검색이나 관찰 등 여러 가지 방법으로 봄의 또 다른 특징들을 알아냈다.

첫째, 봄의 따뜻함.

봄은 주로 덥지도 춥지도 않음. 적절한 온도를 유지해주기 때문에 평소보다 외출을 더 많이 한다.

둘째, 다양한 꽃들이 피다.

봄에는 여러 가지 꽃들이 피어난다. 주로 피어나는 꽃은 벚꽃, 민들레, 튤립, 개나리, 데이지 등이 있다.

셋째, 겨울잠에서 깨다.

봄에는 겨울잠을 자던 동물들이 깨어나는 시기이다. 깨어나는 동물은 곰, 개구리, 다람쥐, 너구리 등이 있다.

2장. 봄의 단점

봄에는 황사, 꽃샘추위 등 여러 가지 단점들이 있다.

첫째, 꽃샘추위

꽃샘추위는 따뜻했다가 갑자기 추워지는 현상으로 봄은 원래 따뜻해 얇은 옷을 입지만 꽃샘추위가 생기면 감기에 걸릴 수도 있어 위험하다.

둘째, 황사

황사는 모래먼지가 입이나 코에 들어가 몸을 아프게 할 수 있다. 그리고 눈에 먼지가 들어가 눈이 따가울 수도 있다. 그리고 황사가 심하면 마스크를 쓰고 외출을 해야하기 때문에 불편할 수 있다는 단점이 있다. 만약 마스크를 안 쓰고 외출을 하면 가래, 기침 등 여러 가지 병이나 바이러스에 감염될 수 있다.

셋째, 꽃가루 알레르기

꽃가루 알레르기는 작은 꽃에 나오는 꽃가루라도 재채기나 기침 등을 할 수 있다. 이 3가지 봄의 단점을 예방하는 방법은 다음과 같다. 우선 꽃샘추위에 대비하기 위해서는 옷 따뜻하게 입는다. 황사에 대비하기 위해서는 외출을 자제한다. 마지막으로 꽃가루 알레르기를 방지하기 위해서 외출을 하지 않는다.

3장. 여름의 장점과 단점

여름의 특징: 여름의 특징은 해수욕장, 계곡, 물놀이 등 여러 가지가 있다. 여름은 주로 더위를 없애기 위해 다양한 방법을 쓴다. 외부(밖)에선 주로 물놀이, 워터파크, 찜질방 등 여러 가지 방법이 있다. 내부에서는 주로 에어컨, 선풍기 등이 있다. 또 다른 장점은 열 감기에 덜 걸릴 수 있다. 이번엔 여름의 단점을 알아보자!

첫째, 호우, 홍수

호우와 홍수는 여름에 가장 많은 피해를 입혔다. 1년 전, 2022년 8월 9일 서울에 호우와 홍수가 나 차량이 잠길 정도로 비가 많이 내렸다. 이로 인해 차량의 유리가 수압을 못 이겨 깨졌고, 뉴스에 나와 모두를 놀라게 했다.

둘째, 폭염

폭염에는 온도가 너무 많이 올라가 열사병에 걸릴 수도 있기 때문에 조심해야 한다. 예방 방법으로는 실내에서 노는 것이 있다.

4장. 가을의 장점

가을의 특징은 다양하다. 단풍과 은행의 색깔이 원래의 색보다 더 진해져서 더 예쁜 것 같다. 가을의 장점은 많이 있다. 잔잔하고 은은한 감성, 수북히 떨어진 낙엽들과 같이 다양한 감상을 즐길 수 있는 계절이라고 생각한다. 그리고 가을은 축제로도 즐길 수 있다. 단풍 축제, 코스모스 축제, 양천 가을 축제 등 다양하게 즐길 수 있는 축제들이 많이 있다. 가을의 날씨에도 장점이 있다. 덥지도 춥지도 않은 날씨와 같이 적당한 온도로 쾌적하게 지낼 수 있다.

이제 새로운 장점들을 알아보자.

첫째, 독서의 계절
가을은 덥지도 춥지도 않은 쾌적한 온도에, 시끄럽지 않아 독서의 계절이라고 불린다.

둘째, 사진
보통 오후에 아름다운 풍경과 조명 등 예쁘고 멋진 사진을 많이 찍을 수 있다.

셋째, 가을 패션
가벼운 외투와 추우면 패딩으로 멋을 낼 수 있다.

5장. 가을의 단점

가을의 단점은 다양하다. 단점에는 강수량 증가, 시간이 빨라짐, 태풍, 꽃 시듦 등이 있다.

첫째, 강수량 증가
강수량이 증가함에 따라 비가 올 확률이 높아진다.

둘째, 시간이 빨라짐
가을에는 시간이 점점 빨라져 활동 시간이 줄어든다.

셋째, 태풍
몇몇 지역엔 태풍의 영향을 받을 수 있어 조심해야 한다.

넷째, 꽃 시듦
가을이 점점 추워져 봄에 피어난 꽃들이 시들어 아쉬움이 남을 수 있다.

다섯째, 일교차
밤과 낮의 온도차가 심해 감기에 걸릴 수 있음. 예방 방법으로는 태풍에 대비하기 위해서 해안가나 계곡 접근 금지, 일교차에 대비하기 위해서는 겉옷을 따뜻하게 입기가 있다.

6장. 겨울

겨울의 장점은 다양하다. 예를 들면 눈싸움, 눈사람 만들기, 스키, 스케이트보드 등이 있다. 또한, 크리스마스와 연말 분위기, 겨울 스포츠 경기 등 다양한 경험을 쌓을 수 있다.

새로운 장점들은

첫째, 겨울 패션
다양한 옷과 악세사리로 스타일리쉬한 패션을 즐길 수 있다.

둘째, 별자리 감상
추운 밤하늘에 별이 또렷하게 보여 별자리 감상을 즐길 수 있다.

단점은

첫째, 눈사태
눈사태는 지구온난화로 생기는 자연재해로, 눈사태가 일어나면 눈 속에 파묻히게 될 수 있고 심하면 사망에 이를 수 있다.

둘째, 동상
동상은 손에 체온이 떨어져 생기는 현상으로, 이 현상이 일어나면 손이 따갑거나 아플 수 있어 아주 위험하다.

『각 계절마다 장점과 단점들을 소개하니, 더욱더 사계절을 즐기며 매 계절마다 힐링을 할 수 있을 것 같다.』

자연에게 마음을 담은 편지

300만년 전부터 우리와 함께 하고 있는 지구
그리고 자연아! 반가워.
요즘 산업 개발, 도로 건설 등 여러가지
민폐를 끼쳐서 미안해. 우리가 더 열심히 노력할게.
멸종된 동물들도 미안해.
우리 다 같이 공존하면서 살아보자.
힘내 자연아! 앞으로도 잘 부탁해!
우리가 더 열심히 노력할게.

우리 곁에 있는 자연   최다원

　　나는 원래 책 읽기나 글쓰기를 좋아해. 우리 2023년 책쓰기 동아리가 최선을 다해서 쓴 책을 기대해줘! 나는 정말 이상하게도 비 오는 날은 싫은데, 비 오는 소리는 좋아. 난 풍경보다는 소리를 좋아하거든. 예를 들어서 새소리나, 빗소리, 낙엽 소리 같은 것들 말이야. 그리고 난 12살 5학년이기 때문에 아직 못하는 것이 많아. 하지만 그만큼 할 수 있는 것들도 많아서 나는 최대한 노력해서 많이 하려고 해! 그리고 나는 사계절 중에서 가을을 제일 좋아해. 왜냐하면 낙엽 밟는 소리가 좋거든. 아! 또 나는 어른이 된다면 그 때 우리의 자연을 바꿀 수 있도록 노력할 거야. 현재 우리의 자연을 보면 매연, 자연 파괴가 점점 늘어나고 있어. 산이나 숲속들을 파괴하고 도로나 건물들을 지으니깐 동물들도 많이 사라져가고 있어. 자연환경이 많이 안 좋아졌어. 미세먼지와 황사는 더욱더 심해져 가고 있고, 공기도 점점 안 좋아지고 있기 때문이야. 내 꿈은 이렇고, 하루 빨리 커서 어른이 된다면 내 꿈을 모두 실천하려고 노력할 거야! 우리 책 많이 읽어주고, 열심히 쓰도록 노력할게. 그럼, 안녕!

우리 곁에 있는 자연

　나는 예전부터 식물들이 정말 예쁘다고 생각해 왔어. 예를 들어, 코스모스, 해바라기, 장미, 튤립, 민들레 등도 있고, 사과나무, 소나무가 있어. 이렇게 식물들은 예쁜 장점들을 가지고 있어. 그러니까 식물을 잘 아끼고 함부로 다루면 안 돼. 그리고 식물이 있어서 좋은 공기를 맡을 수 있고, 동물들이 살아갈 수 있는 더 좋은 환경을 만들기 위해 있기도 해. 식물이 우리에게 이 많고 좋은 영향을 주는 데 식물을 꺾지는 않을 거라고 생각할게. 식물을 잘 보살펴주고 아껴주는 사람이 되자. 그리고 자기가 가장 좋아하는 식물을 정해봐. 나는 장미를 가장 좋아해. 장미는 붉고 커서 정말 예쁘거든. 그리고 그 식물을 길에서 본다면 기분이 조금이라도 더 좋아질 거야. 자신이 좋아하는 것을 눈앞에서 봤는데 당연히 기분이 좋아지겠지?

나는 요새 식물을 직접 키우는 중이야. 요새 들어 부쩍 식물에 관심이 많아졌거든. 그래서 식물에 관한 여러 지식이 담긴 책들을 읽어봤는데 내가 평소에 잘 몰랐던 지식들을 더 잘 알게 되었고, 뿌듯해지는 감정들도 느꼈어. 그리고 식물이 자라나는 과정을 보니까 조금 신기하기도 했지. 나도 처음에는 식물에 정말 관심이 하나도 없었는데 점점 식물에 관심을 가지고 더 공부해보니, 식물은 정말 좋은 역할을 해주는 생물이었다는 것도 이번 일을 계기로 해서 처음 깨달았어. 새로운 지식을 깨달으니 내가 또 모르고 있는 것들을 더 알고 싶어져서 식물에 관한 지식들을 많이 쌓았어.

그리고 식물들은 꼭 분류를 해주어야 해. 그래야 잘 알아볼 수 있거든. 예시로, 빨간색 식물(장미, 튤립, 단풍 등)과 노란색 식물(해바라기, 민들레, 카라 등)이 있어.

이제는 생물들도 한 번 알아보자. 북극에서 사는 생물은 북극곰, 북극여우, 물범, 북극고래, 극제비갈매기, 해달 등이 있고, 남극에서 사는 생물은 남극빙어, 바다거미, 펭귄, 황제펭귄 등이 있어. 이렇게 서로 다른 점이 많지? 그리고 서로 대표하는 생물들도 다 서로 달라. 온도와 지역만 다른 것인데 이렇게 살고 있는 생물, 살고 있는 환경까지 다른 것이 정말 신기해.

그리고 요새는 예전보다 생물들이 많이 줄어들었어. 왜냐하면 사람들이 쓰레기 처리를 아무 곳에나 하고, 자가용을 사용하지 않아도 되는 상황에서 자가용을 쓰니까 자동차 매연, 쓰레기 처리 때문에 생긴 토양 오염들이 더 심해지고, 숲속에도 쓰레기, 바다에도 쓰레기,

땅에도 쓰레기가 넘쳐나서 동물들이 살아가기 힘들고, 더더군다나 산이 도로로 바뀌는 현상도 생기게 되는 거지. 많은 동물이 맑은 공기를 맡기 힘들고, 매연과 안 좋은 냄새를 맡아 죽거나 스트레스를 많이 받아. 그러니 생물을 위해서라도 되도록 대중교통 이용과 쓰레기는 쓰레기통에 꼭 넣도록 해. 이 하나만 바꿔도 생물은 기뻐할 거야. 다시 깨끗한 환경을 되찾았으니까!

그리고 북극곰은 식량이 부족해 **뼈**만 남은 채로 살고 있고, 북극에 있는 빙하들은 지구온난화로 인해 모두 다 녹아버렸고, 점점 북극곰이 발 디딜 틈이 없어. 그러니 우리가 지금이라도 하루라도 **빨리** 지구를 지켜 생물들을 구해야 해.

남극에 사는 펭귄은 빙하가 점점 사라져 바다에서 생활하는 시간이 더 많아졌어. 이것은 우리가 만든 지구온난화 때문이야. 그러니 지금 안 쓰는 콘센트나 불은 다 끄자. 어서 실행해! 그렇다면 생물을 지키는 데 훨씬 더 도움이 될 거야.

그리고 외국에는 쓰레기를 너무 많이 버려서 쓰레기 바다가 있다는 걸 알아? 이렇게 사람들이 쓰레기를 버리면 버릴수록 생물들은 점점 더 사라져. 그렇게 생물들은 영영 사라질 거야. 우리가 평소에도 자주 볼 수 있는 개미들은 사람에게 가장 많이 죽는 곤충이야. 개미가 흔하게 많이 보여 개미를 막 대하는 사람들이 늘어나고 있어. 개미처럼 작고 흔한 생물도 아껴주고 생각해 주어야 해.

그리고 멸종 위기 생물이 조금씩 늘어나고 있으니, 멸종 위기 동물에 대해 알아보자. 조류는 63종, 파충류는 6종, 곤충류는 26종, 무척추동물은 32종, 생물류는 88종, 해조류는 2종, 고등균류는 1종, 양서류 2종, 포유류는 20종으로 멸종위기 동물이 2010년대보다 80종이나 더 늘어났어. 멸종위기 동물이 생기는 이유는 인간들이 사냥을 하고, 돈을 얻으려고 동물을 사냥하기 때문이야. 이런 사람들 때문에 멸종 속도는 19세기 후반부터 급격하게 빨라지기 시작했는데, 이 포식자가 다른 포식자와는 달리 배고픔을 채우기 위함뿐 아니라 의복을 만들고 돈을 버는 등의 기타 목적으로 사냥을 했다는 것이며, 만족을 모른다는 것이었다. 그 결과 자신들을 위해 나라의 동물들을 사냥하던 인간들 때문에 지구 역사상 가장 빠른 속도로 특정 종들의 개체수가 선택적으로 줄어들기 시작하였고, 무엇보다 당시에는 환경보호나 종 보존 등의 개념이 없었고, 동물에 대한 인식과 처벌도 없었어. 그래서 인류는 자신들이 무엇을 하는지도 모른 채, 수많은 종을 멸종시켰고, 외래 동식물을 고립된 생태계에 풀어 토착종들을 도태시켜 버린다거나 하는 무분별한 짓을 많이 저질렀어. 그리고 점점 더 심해지는 멸종으로 인한 손실이 굉장히 늘고 있어.

첫째, 예측을 하지 못할 만큼의 **심각한 환경파괴**야. 각종은 생태계 내에서 예측하기 어려울 만큼 다른 생물들과 밀접한 연관을 지니고 있고, 그 시스템을 인간이 완벽하게 이해를 하지 못하고 있기 때문에 한 종이 멸종할 경우, 어떤 파장이 일어날지 절대로 알 수가 없다는 거야.

둘째, **잠재적 생명자원의 고갈**이야. 가장 간단한 예를 들어보자면, 지구상에서 나오는 약품의 거의 대다수는 생물로부터 발견되거나 추출되고 있어. 지구상에 있는 수많은 식물 중 약 29만 종만 발견하였고 그중에서 단 5,000여 종만이 의약품의 원천으로 이용되고 있지.

그뿐만 아니라 생체 모방도 애초에 당연히 동식물에서 모티브로 개발한 것이야. 곤충의 겹눈을 응용한 인식 시스템, 상어의 피부 돌기 조직을 이용한 유체 역학적 수영복, 벌새의 움직임을 이용한 비행 역할, 관찰을 통한 인간의 본능 탐구, 좀조개에서 따온 해저 터널 굴착술 등 사람이 생물을 참고함으로써 얻을 수 있는 모티브는 정말이지 무궁무진해. 무엇보다 중요한 것은 농업이 병충해로 위기에 처했을 때 인류를 구원할 수 있는 것은 오직 재배종의 야생종과 그 근원종뿐이야.

특히 어업은 바다 생태계 파괴에 가장 치명적인 행위야. 부수어획과 남획으로 인한 어족자원 감소에 더해 따라오는 생태계 파괴와 멸종 위기는 기본이고 그물 문제로 인해 바다의 바닥까지 쓸어내서 산호초 등을 파괴함으로써 생물이 살기 어려운 바다가 되기도 해. 이렇게 멸종 위기 생물이 늘고 있는 이유와 손실, 사례를 알아보았어. 그리고 멸종위기 야생동물을 대표하는 동물들은 호랑이, 여우, 사슴, 늑대, 수달, 곰, 표범 등이 있어.

이렇게 멸종 위기 동물에 대해 잘 알아봤고, 멸종 위기 생물을 멸종으로부터 막으려면 우리가 어떻게 대처해야 하는지 알아보자.

첫째, 환경보호. 환경을 보호하고 유지하기 위해 노력해야 해. 에너지를 절약하고, 재활용 실천을 통해 자연 생태계를 파괴하지 않도록 주의해야 돼. 불법 도축과 산림 파괴 등과 같은 환경 파괴적인 행위를 예방하고, 신속하게 신고해야 해.

둘째, 지속가능한 소비. 소비 패턴을 검토해 지속 가능한 선택을 할 수 있어. 지구에 부담을 주는 자원 소모를 줄이기 위해서 에코 제품을 사용하고, 과도한 포장재는 피하고 지속이 가능한 식품 선택에 주의할 수 있어.

셋째, 지역 생태계를 보호하고 보존하기 위해 기여할 수 있어. 근거리 여행을 선택하고 생태 관광을 지원하며 자연 보호지역의 방문 규칙을 준수해야 해.

넷째, 지원과 기부. 멸종 위기에 처한 생물 보호를 위해 자선 단체나 환경 단체에 기부하거나 봉사할 수 있어. 이러한 단체는 보전 노력을 지원하고 보호할 수 있는 기회를 제공하고 있어. 다섯째, 교육과 인식. 멸종 위기에 처한 생물에 대한 인식을 높이고, 다른 사람들과 지식을 공유함으로써 보호의 중요성을 알릴 수 있고, 사회적 활동, 블로그, 소셜 미디어 등을 통해 관련 정보를 공유하고 교육 프로그램과 활동에 참여 가능해.

여섯째, 지구온난화. 지구온난화는 인간들이 쓰고 있는 전기, 물 등 인간이 함부로 사용하며 쓰는 것들로 대부분 지구온난화가 발생되었어. 지구온난화를 막기 위해서는 신재생 에너지 확대를 해야 해. 지구온난화의 주요 원인 중 하나는 화석 연료의 사용이거든. 이에 대한 대안으로 신재생 에너지인 태양광, 풍력, 수력 등을 대규모로 생산하여 사용하는 것이 중요해. 이를 위해 정부와 기업의 투자를 늘리고, 개인들도 에너지 절약을 실천하는 등의 노력이 필요해.

자연에게 마음을 담은 편지

우리가 숲을 없애고 도로들을 만들어서 정말 미안해.

숲을 소중하지 않게 여기던 사람보다

숲을 아끼는 사람이 되려고 노력하는 중이야.

앞으로의 난 풀, 꽃을 꺾지 않고

정말 소중하게 여길 거야.

숲에 가면 공기도 좋고, 힐링을 하기에 정말 좋아.

자연아, 난 네가 정말로 좋고,

평생 아낄 자신 있어. 힘내!

에필로그

도원글방 학생 작가들의 집필 모습

도원글방 나만의 Book Postcard 만들기

그해 자연은

ⓒ 대구광역시교육청

초판 1쇄 인쇄	2024년 2월 1일
초판 1쇄 발행	2024년 2월 1일
엮은이	김채영
지은이	김서현, 김소윤, 김수현, 손지안, 이성민, 장혜원, 김동우, 김민재, 서아현, 윤지후, 이준혁, 김나경, 김민재, 손준서, 최다원, 최유리
펴낸곳	여행자의 책
책임편집	박주연
디자인	전은경, 임수진
일러스트	정세인
주소	대구 동구 불로동 1000-51
전화	053-219-8080
이메일	2198080@naver.com

내용의 일부와 전부를 무단 전재하거나 복제를 금합니다.